U0515597

海上絲綢之路基本文獻叢書

海運摘鈔（中）

〔明〕佚名 撰

文物出版社

圖書在版編目（CIP）數據

海運摘鈔．中 /（明）佚名撰．-- 北京：文物出版社，2022.7
（海上絲綢之路基本文獻叢書）
ISBN 978-7-5010-7573-7

Ⅰ．①海… Ⅱ．①佚… Ⅲ．①財政－經濟史－中國－明代 Ⅳ．①F812.948

中國版本圖書館CIP數據核字（2022）第086630號

海上絲綢之路基本文獻叢書

海運摘鈔（中）

撰　　者：〔明〕佚名
策　　劃：盛世博閱（北京）文化有限責任公司

封面設計：鞏榮彪
責任編輯：劉永海
責任印製：張道奇

出版發行：文物出版社
社　　址：北京市東城區東直門内北小街2號樓
郵　　編：100007
網　　址：http://www.wenwu.com
經　　銷：新華書店
印　　刷：北京旺都印務有限公司
開　　本：787mm×1092mm　1/16
印　　張：17.25
版　　次：2022年7月第1版
印　　次：2022年7月第1次印刷
書　　號：ISBN 978-7-5010-7573-7
定　　價：98.00圓

本書版權獨家所有，非經授權，不得複製翻印

總緒

海上絲綢之路，一般意義上是指從秦漢至鴉片戰争前中國與世界進行政治、經濟、文化交流的海上通道，主要分爲經由黄海、東海的海路最終抵達日本列島及朝鮮半島的東海航綫和以徐聞、合浦、廣州、泉州爲起點通往東南亞及印度洋地區的南海航綫。

在中國古代文獻中，最早、最詳細記載『海上絲綢之路』航綫的是東漢班固的《漢書·地理志》，詳細記載了西漢黄門譯長率領應募者入海『齎黄金雜繒而往』之事，書中所出現的地理記載與東南亞地區相關，并與實際的地理狀况基本相符。

東漢後，中國進入魏晋南北朝長達三百多年的分裂割據時期，絲路上的交往也走向低谷。這一時期的絲路交往，以法顯的西行最爲著名。法顯作爲從陸路西行到印度，再由海路回國的第一人，根據親身經歷所寫的《佛國記》（又稱《法顯傳》）一書，詳細介紹了古代中亞和印度、巴基斯坦、斯里蘭卡等地的歷史及風土人情，是瞭解和研究海陸絲綢之路的珍貴歷史資料。

隨着隋唐的統一，中國經濟重心的南移，中國與西方交通以海路爲主，海上絲綢之路進入大發展時期。廣州成爲唐朝最大的海外貿易中心，朝廷設立市舶司，專門管理海外貿易。唐代著名的地理學家賈耽（七三〇～八〇五年）的《皇華四達記》記載了從廣州通往阿拉伯地區的海上交通『廣州通夷道』，詳述了從廣州港出發，經越南、馬來半島、蘇門答臘半島至印度、錫蘭，直至波斯灣沿岸各國的航綫及沿途地區的方位、名稱、島礁、山川、民俗等。譯經大師義净西行求法，將沿途見聞寫成著作《大唐西域求法高僧傳》，詳細記載了海上絲綢之路的發展變化，是我們瞭解絲綢之路不可多得的第一手資料。

宋代的造船技術和航海技術顯著提高，指南針廣泛應用於航海，中國商船的遠航能力大大提升。北宋徐兢的《宣和奉使高麗圖經》詳細記述了船舶製造、海洋地理和往來航綫，是研究宋代海外交通史、中朝友好關係史、中朝經濟文化交流史的重要文獻。南宋趙汝適《諸蕃志》記載，南海有五十三個國家和地區與南宋通商貿易，形成了通往日本、高麗、東南亞、印度、波斯、阿拉伯等地的『海上絲綢之路』。宋代爲了加强商貿往來，於北宋神宗元豐三年（一〇八〇年）頒佈了中國歷史上第一部海洋貿易管理條例《廣州市舶條法》，并稱爲宋代貿易管理的制度範本。

元朝在經濟上採用重商主義政策，鼓勵海外貿易，中國與歐洲的聯繫與交往非常頻繁，其中馬可•波羅、伊本•白圖泰等歐洲旅行家來到中國，留下了大量的旅行記，記録元代海上絲綢之路的盛况。元代的汪大淵兩次出海，撰寫出《島夷志略》一書，記録了二百多個國名和地名，其中不少首次見於中國著録，涉及的地理範圍東至菲律賓群島，西至非洲。這些都反映了元朝時中西經濟文化交流的豐富内容。

明、清政府先後多次實施海禁政策，海上絲綢之路的貿易逐漸衰落。但是從明永樂三年至明宣德八年的二十八年裏，鄭和率船隊七下西洋，先後到達的國家多達三十多個，在進行經貿交流的同時，也極大地促進了中外文化的交流，這些都詳見於《西洋蕃國志》《星槎勝覽》《瀛涯勝覽》等典籍中。

關於海上絲綢之路的文獻記述，除上述官員、學者、求法或傳教高僧以及旅行者的著作外，自《漢書》之後，歷代正史大都列有《地理志》《四夷傳》《西域傳》《外國傳》《蠻夷傳》《屬國傳》等篇章，加上唐宋以來衆多的典制類文獻、地方史志文獻，集中反映了歷代王朝對於周邊部族、政權以及西方世界的認識，都是關於海上絲綢之路的原始史料性文獻。

海上絲綢之路概念的形成，經歷了一個演變的過程。十九世紀七十年代德國地理學家費迪南·馮·李希霍芬（Ferdinad Von Richthofen，一八三三～一九〇五），在其《中國：親身旅行和研究成果》第三卷中首次把輸出中國絲綢的東西陸路稱爲『絲綢之路』。有『歐洲漢學泰斗』之稱的法國漢學家沙畹（Édouard Chavannes，一八六五～一九一八），在其一九〇三年著作的《西突厥史料》中提出『絲路有海陸兩道』，蘊涵了海上絲綢之路最初提法。迄今發現最早正式提出『海上絲綢之路』一詞的是日本考古學家三杉隆敏，他在一九六七年出版《中國瓷器之旅：探索海上的絲綢之路》中首次使用『海上絲綢之路』一詞；一九七九年三杉隆敏又出版了《海上絲綢之路》一書，其立意和出發點局限在東西方之間的陶瓷貿易與交流史。

二十世紀八十年代以來，在海外交通史研究中，『海上絲綢之路』一詞逐漸成爲中外學術界廣泛接受的概念。根據姚楠等人研究，饒宗頤先生是華人中最早提出『海上絲綢之路』的人，他的《海道之絲路與昆侖舶》正式提出『海上絲路』的稱謂。選堂先生評價海上絲綢之路是外交、貿易和文化交流作用的通道。此後，大陸學者馮蔚然在一九七八年編寫的《航運史話》中，使用『海上絲綢之路』一詞，這是迄今學界查到的中國大陸最早使用『海上絲綢之路』的人，更多地限於航海活動領域的考察。一九八〇年北京大學陳炎教授提出『海上絲綢之路』研究，并於一九八一年發表《略論海上絲綢之路》一文。他對海上絲綢之路的理解超越以往，且帶有濃厚的愛國主義思想。陳炎教授之後，從事研究海上絲綢之路的學者越來越多，尤其沿海港口城市向聯合國申請海上絲綢之路非物質文化遺産活動，將海上絲綢之路研究推向新高潮。另外，國家把建設『絲綢之路經濟帶』和『二十一世紀海上絲綢之路』作爲對外發展方針，將這一學術課題提升爲國家願景的高度，使海上絲綢之路形成超越學術進入政經層面的熱潮。

與海上絲綢之路學的萬千氣象相對應，海上絲綢之路文獻的整理工作仍顯滯後，遠遠跟不上突飛猛進的研究進展。二〇一八年厦門大學、中山大學等單位聯合發起『海上絲綢之路文獻集成』專案，尚在醖釀當中。我們不揣淺陋，深入調查，廣泛搜集，將有關海上絲綢之路的原始史料文獻和研究文獻，分爲風俗物産、雜史筆記、海防海事、典章檔案等六個類别，彙編成《海上絲綢之路歷史文化叢書》，於二〇二〇年影印出版。此輯面市以來，深受各大圖書館及相關研究者好評。爲讓更多的讀者親近古籍文獻，我們遴選出前編中的菁華，彙編成《海上絲綢之路基本文獻叢書》，以單行本影印出版，以饗讀者，以期爲讀者展現出一幅幅中外經濟文化交流的精美畫卷，爲海上絲綢之路的研究提供歷史借鑒，爲『二十一世紀海上絲綢之路』倡議構想的實踐做好歷史的詮釋和注脚，從而達到『以史爲鑒』『古爲今用』的目的。

凡例

一、本編注重史料的珍稀性，從《海上絲綢之路歷史文化叢書》中遴選出菁華，擬出版百册單行本。

二、本編所選之文獻，其編纂的年代下限至一九四九年。

三、本編排序無嚴格定式，所選之文獻篇幅以二百餘頁爲宜，以便讀者閱讀使用。

四、本編所選文獻，每種前皆注明版本、著者。

五、本編文獻皆爲影印，原始文本掃描之後經過修復處理，仍存原式，少數文獻由於原始底本欠佳，略有模糊之處，不影響閱讀使用。

六、本編原始底本非一時一地之出版物，原書裝幀、開本多有不同，本書彙編之後，統一爲十六開右翻本。

目録

海運摘鈔（中）

海運摘鈔（中）

卷三——卷五

〔明〕佚名　撰

民國二十五年上虞羅氏石印《明季遼事叢刊》本

海運摘鈔卷三

三十

山東等處提刑按察司整飭登州海防總理海運兼管登萊兵巡屯田道副使陶　為東方大旱無禾遠餉難拘成數乞准通融扣算以符明旨事該職於本年四月十三日接奉邸報蒙本部院先在山東撫院時據職呈詳為急請多餉以濟危遠事內稱登萊海運因百事掣肘每年止可運八萬三千有奇而遠銀有限勢難兩年並徵亦止該運此數此外升合非遠之物矣蒙本部院具題酌議量加內云大約以二府之筋力每歲運糧十

萬已爲竭盡無餘隨蒙
部覆得
旨欽遵在卷 職即一面守催淮船及打造遼船星夜
裝運溯自二月十四日至今五月十四共計三閱月
已運過米豆十萬七千有奇見今裝運開洋者不下
一萬三千餘石止據目前於運無誤於額有餘似可
相安於無言矣但今年之所運昨年之所收也昨年
之所收歷年之所積也歷年之所以積者祇因登萊
地僻山深不通貿易而又海禁森密商販全無稍遇
有秋輙苦糶賣之無路更逢加派旋寘易銀之不前
故一下糴買米豆之令而捆載而至者轂且擊也再
下徵收本色之令而負戴而投者踵相接也蓋以數

年之沉積而為一旦之疏通自然翕集又以四塞之無途而供一路之輸將亦自然輻輳耳半載之間通計登萊二府徵收糴買共得糧十八萬有奇意謂今年接踵徵糴可以源源不窮不虞旱魃為災十旬不雨登萊青濟之間秋苗萎黄糧價驟湧民心震懼預為蓄艾之謀市集蕭條絶無握粟之人值此時勢不但徵收本色之令不敢復施即糴買之方亦不敢復講以匱内地之藏以貽騰價之譁也是以止計目前之海運且溢於原議之數而有餘若論明年之海運則雖覓升斗之粟而不可得矣然職不敢因明年接濟無策而先留今日之有餘以補異日之不足也自季春以來旱暵異常誠屬地方之不幸而惟其旱也

波平日朗實為海上之奇逢過此以往恐如此風日不能多得以職謬算莫若乘茲順利自足今年十萬之外并將明年應運米豆陸續繼運儘趁佳時至秋而止計運若干即扣作明年十萬數内而今年赤地千里明年之收穫必難今夏亢旱驕陽明春之風雨必甚米糧缺乏帆槳稽遲容職設法催攢務及原額職之心力如是止矣如以今年之多運而反執此以例明年復以明年之缺額而更繩以今年之溢數則雖神鬼輸而天雨粟不能也蓋海上之風波有順有逆而地方之年穀亦有豐有凶在職既不敢以逆而凶者引以為常在

廟堂持議者亦不當以順而豐者懸以為例矣合於

豐凶順逆之間衰多益寡大約三年之內僅可不失
每年十萬之數耳為此瀝情上陳伏候
鑒裁然此就登萊出糧之難而言也若論遼左收糧
之難即今運去者已十萬餘而蓋州套收者止一萬
餘耳三犋牛則全未收也登萊之運去愈多則遼左
之收受愈苦定於十萬勿復加增為登萊實所以為
遼左矣併乞採擇咨
題彼此兩便緣係東方大旱無禾遼餉難拘成數乞
准通融扣算以符
明旨事理本道未敢擅專擬合呈請為此今將前項
緣由理合具呈伏乞
照詳施行

一呈督餉部院
一呈兩院
萬歷四十七年五月二十日
七月二十五日准
山東等處承宣布政使司照會蒙
欽差巡撫山東等處地方督理營田提督軍務都察
院右副都御史王　憲牌前事等因蒙此行間又據
經歷司呈抄蒙
巡按山東監察御史陳　憲牌俱准
督餉部院李　咨議海防道副使陶　呈稱登萊二
府徵收糴買共得糧十八萬有奇欲以今歲之有餘
合於豐凶順逆之間衰多益寡大約三年之内不失

每年十萬之數酌量豐歉以爲通融之計已行布政
司備查登萊地方今歲豐歉若何應否通融總算逐
一綜覈明確以憑咨覆去後未據回報擬合行催爲
此牌仰本司即查登萊地方今歲豐歉若何其多運
之數應否作何通融總算查議明妥通詳
兩院以憑咨覆施行此事緊急毋得遲延等因蒙行
到司合行移照前去煩查登萊地方今歲豐歉若何
其多運之數應否作何通融總算查議明白牒司以
憑轉報施行准此案照本年六月初十日蒙
督餉部院李　批據本道呈前事蒙批每歲十萬已
經屢疏
題明即有多運無非酌量此之豐歉彼之緩急以爲

通融計算也依議候咨
部具
題行繳蒙此本年七月十六日又蒙
督撫軍門王　批據本道呈同前事蒙批歲運十萬
原經屢疏
題明即督餉部院前任山東亦身親為之而知其不
能增也今且有二十萬之議矣數既增而歲且歉如
天時人力何哉該道預為料理以備將來轉運仍候
部文至日具
題繳蒙此本日又蒙
巡按山東監察御史陳　批據本道呈前事蒙批海
運原題十萬酌量豐歉拮据通融每年務不失額已

竭脂力矣豈堪倍加以重地方之困耶候會議達
部具
題緣等因蒙此遵候在卷今准前因已經節行登萊
兩府查議去後今據登州府呈稱查得本府所屬蓬
萊等八州縣額派遼鎮銀兩奉文徵收本色載運遼
糧接濟軍需萬歷四十六年徵收四十五年遼鎮銀
共一萬七千四十五兩五錢四分三釐九毫及查蓬
黄福招寍文六州縣用過糧價水脚銀六千六百九
十二兩九錢一分一毫共已運過米豆一萬三千三
百七十三石五斗一升差委千總黄循恩押運赴遼
取有實收附卷其存剩銀一萬三百五十二兩六錢
三分三釐八毫抵差黄縣主簿魏朝臣解訖掣有倉

收在卷另文呈報外為照四十七年徵收四十六年
遠鎮徵過糧數借過倉穀碾米蓬萊米豆二萬一百
七十石黃縣米豆二萬石福山豆一萬四千六百五
十六石五斗三合三勺招遠米豆一萬四千五百二
十七石七升萊陽米豆一萬四千四十七石九斗盜
海米豆八千五百五石文登米豆一萬四千六百石
又有驗定商豆八千七十五石通共米豆一十一萬
四千五百八十一石四斗七升三合三勺其州縣尚
有見載之糧數難預定及查原奉文登萊二府共歲
運遼糧該十萬石今登州一府已運過十一萬四千
五百八十餘石矣查本府歲額遼鎮該一萬七千四
十五兩五錢四分三釐九毫加派新餉該一萬九千

七百六十九兩二錢三分零已解過一萬六千矣所餘二項銀兩安足以買十一萬餘石之糧是多運之數其應通融總算來歲之數無容易矣然而天時若豐價值若賤或可酌處今查登屬唯萊陽福山稍稱兩足而萊陽又有氷雹之災此外寧海等六州縣自春徂夏自夏徂秋三時亢旱二麥寡收舊苗立見槁枯晩禾未及播種其長而不秀秀而不實者一望如掃則今歲之秋成已難望稔而明年之春運豈能速濟將米豆無處糴買貧民有相率而逃耳是所多運之數其應通融總算來歲之數也無容再議矣再照今歲已運糧甚多而正項之銀無幾皆各屬細心料理有徵收本色者有糴買商民者有借碾倉穀者多

方設處始及此數而水脚之那借府庫者不與焉則那借須還倉穀須補庫藏須清即如憲檄盡留
户部應運錢糧恐尚不足以償今歲之運價也容俟查明另文呈報據此又據萊州府呈稱依蒙俱經備關海防廳并行運糧州縣查議去後今准海防同知鮑孟英關稱查看得萊屬之秋禾因亢陽日久業已焦黄人心皇皇恐四十三年之災復見於今日幸靈雨載零收成僅減分數而掖縣爲甚僅減者雖不可以報災而米價則異於昔矣貴賤因時不能預定夫多運不便於薄收州縣少運不便於遠左軍兵歲運若干主持自

上非本廳所敢輕議也等因備關到府准此該本府覆看得所屬州縣自入夏以來雨暘不時豐歉異致在掖縣得雨最晚即霑足亦不濟事維穀與豆或苗而不秀秀而不實者在在有之雖不無災傷而各社分數參差不一故未敢以災傷遽報也其餘州縣較之掖縣稍稔第大祲之後積貯無餘而餉運之多寡尤斟酌於

上裁非本府所敢擅議者又查登萊二府計每年所運遼餉至十萬石民力已竭若以遼餉多寡計算則除登州府該運四萬本府該運六萬石及查近海掖平昌濰膠即六州縣自二月起至七月十二日止已報裝運過遼正項米豆七萬七千七百六十九石六

斗五升三合近據平昌濰三州縣并千總李天培揭報已裝米豆六千八百八十石以上二項通共米豆八萬四千六百四十九石六斗五升三合内除本年應運六萬石外多運二萬四千六百四十九石六斗五升三合與夫見在裝運及奉行改徵本色借動倉穀遵照原行俱運赴登州轉運俱應通融總算來歲之數除抵准新舊遼餉銀兩外不敷銀數請動戶部錢糧收買統俟年終將已運未運米豆動支各項銀數照冊呈報轉達各緣由具呈到道據此為照登萊兩府僻居山海地瘠民貧家鮮蓋藏人無生計即在平居無事之日尚如遭兵遇變之年況當大祲之後逃亡之棄地未耕接踵征調之繁魚鳥之驚魂

未定昨歲肇舉海運欲令煢煢登萊供遼左大兵果腹之役無異責窶子以好施望巧炊於空谷也然而患在震隣誼當披髮不得已而罄登萊之民力應遼左之需求原議以應解遼鎮銀之數改徵本色米豆而運糧止該八萬有奇也

前院約其大槩增至十萬而登萊已餘二萬不償之貸矣本道因見今年風日晴和舟師稍暇又多方續運至一十八萬有奇而登萊千里之内凡官司之贖儲軍民之口食業傾庾倒橐以應之所以為此者盖以

餉臺一十萬之數為之準則界限欲乘風波不作之日預運此數以備明年不可知之海路也今計登萊

每歲應運糧十萬石而止今查登州已運過一十一萬四千五百八十餘石萊州已運過八萬四千六百四十餘石總計一十九萬九千二百二十九石有奇矣已前之倉儲既空全望將來之接濟有賴孰意天禍二東風雨愆期登之萊陽氷雹最慘寧海等六州縣自春迄夏二麥鮮收及秋亢旱為災風雹繼虐近又以海水淹没見告矣萊之州縣得雨最晚枯槁遍野極目蒿萊市無握粟糧價驟騰民情洶洶今年一年之歲事竟已半屬荒蕪來春之豐歉尚賒何濟遼左之庚癸況在今日登遼兩地均屬禦虜之時於應援既不分秦越而有呼必應於輸將亦當共肥瘠而不得偏枯此一方剜己肉而望人之腹者也今據二

府呈將今歲多運米豆通融計算抵作來歲運數准作新舊遼鎮銀兩外再有透用登萊糧價水價船價之類統候秋分停運之日合總彙算或請留解部銀補還或提别府折色遼鎮銀扣抵以清庫藏以恤災黎此浥審時度勢萬萬不可變通者也請乞亟達

兩院速賜具

題以每年十萬永定為額以便遵守地方之荷再造無窮矣擬合牒請為此今將前項緣由合牒

貴司煩為查照轉達施行

一牒 布政司

萬歷四十七年八月初一日

三十一

巡按山東監察御史陳　一本為災傷踵告海運難支懇乞亟題減運以安邊腹兩地事據山東布政使司呈蒙職等批登州海防道副使陶　呈據登州府呈據寧海招遠黃縣蓬萊文登萊陽棲霞各州縣申稱四十三四兩年連遭大祲小民逃亡大半今歲夏秋復遇亢暘諸禾盡槁百姓已不堪命文登又異風暴雨拔禾傷豆萊陽又降冰雹平地三尺民苦更甚似此異災又如乙卯丙辰景象矣乞要暫停海運大賜蠲恤以解倒懸各將羅災情狀備申到府為照本府八屬除福山縣雨稍霑足未至大荒外若寧海等七州縣

自夏及秋亢暘肆虐旱魃為災春種者秀而不實秋種者生而不秀文登更遇異風霪雨拔木傷禾萊陽氷雹落地三尺二麥一時糜爛此非獨災也且災而異矣以故士女失三農之望而號泣遍郊原里排懼催征之苦而逃移幾村社觸目酸鼻驚耳痛心事關民瘼理宜報聞等因到道該本道看得登郡大祲之後傷殘凋敝未復其初近年雖稍有收而海運餉遼西柄之捐以素不產禾之地而運糧至二十餘萬業舉數年之積而為一歲之輸十室九空公私俱匱矣今則天降旱災延袤千里無地不荒無苗不槁兩郡俱稱焦釜而報到先有登州覩茲景象是逃亡之接踵無異于遼左兵燹之餘將來之啼饑亦不下于遼

左庚癸之呼也此即自為粒食計亦孔之艱矣乃遠海兵糧仍責運于登萊不幾緣木求魚耶若不預為斟酌別求變通猶執昨年成熟之議而惟遠糧之是徵是望恐饑饉洊臻民窮盜起地方將來之變故且在蕭墻之內而何暇為遠人供億計也除災傷分數蠲恤事宜會同守道另行詳奪此係運餉重務事關軍國亟宜早計等因又先據該道呈稱登萊二府旱魃為災十旬不雨登萊青濟之閒秋苗萎黃糧價驟湧民心震懼不但徵收之令不敢復施即糴買之方亦不敢復講乞將今年多運米豆扣坐明年十萬數內今年赤地千里明年收糴必難今夏亢旱驕陽明春風雨必甚合于豐凶順逆之閒衰多益寡大約三

年之内僅可不失每年十萬之數等因照計蒙撫院
計批登郡旱荒民艱粒食今歲海運即求足于原議
十萬米安從出矧又從而請益耶仰布政司酌議類
詳以便具
題緣又蒙按院詳批布政司會同該道覆議詳報蒙
此案照先蒙撫院案驗行司或將青登萊及濟南近
海地方應納錢糧俱改本色或借倉穀或將新餉銀
兩廣行召買俱運赴登州轉運此勢大燃眉凡應解
該部錢糧不妨逕行留用逐一議處停妥通詳兩院
以憑酌議施行等因蒙此行據青州府申稱查得益
都臨淄等州縣離海窵遠惟樂安壽光諸城日照四
縣臨海稍近以上近海四縣舊遠鎮共銀一萬一百

五十七兩二錢零俱未解到新遼餉共銀一萬三千
七百八十七兩二錢零已完銀八千七百三十兩一
錢零委官段文炳解過銀一千六百五十兩見貯府
庫銀七千八十兩一錢三分七毫奉文留為海運其
未完銀五千五十七兩一錢零差人守提又據濟南
府申查得濱州額該遼鎮銀六千一百七十三兩三
錢五分八釐二毫并費銀四十九兩三錢八分六釐
八毫六絲五忽六微共銀六千二百二十二兩七錢
四分五釐六絲五忽六微奉災疲明文徵八分銀四
千九百七十八兩一錢九分六釐五絲二忽四微八
纖新餉銀一千六百九十三兩八錢五分一釐六毫
已完銀一千三百三十六兩一錢三分二釐六毫七

絲五忽解訖未完銀三百六十七兩七錢一分八釐九毫二絲五忽四十七年新餉未奉行派徵該州議稱距登州一千餘里脚價盤費已近八錢議將新增遼餉委官就近糴買本色交割登州轉運遼鎮銀四千九百七十八兩一錢九分六釐零仍解折色為便利津縣遼鎮銀一千三百三十二兩三錢新餉銀一千一十一兩七錢六分五釐五毫六絲全解四十七年銀未奉行霑化縣額徵遼鎮銀一千五百六十五兩三錢一分八釐三絲五忽一微奉災疲明文止徵七分銀一千九十八兩五錢二分三釐六毫二絲四忽五微七纖新餉銀八百七十五兩六錢五分六毫七絲一忽全未完蒲臺縣原額遼鎮銀三千七十二

兩一錢八分八釐五絲三忽六微新餉銀一千三百七十二兩一錢九分一釐八毫已完銀一千一百九十七兩九錢三分八釐三毫八絲八忽三微四纖一沙六塵六渺解訖未完銀一百七十四兩二錢五分三釐四毫一絲一忽六微五纖八沙三塵四渺三縣議稱各縣地畝花七禾三酌量不若解銀就彼買運似為妥便海豐縣原額遼鎮銀一千七百七十七兩八錢二分五釐四毫七絲二忽價值脚費候彼時詳奪新餉銀八百一兩五錢四分九釐四毫七絲全完本縣無積蓄止有贖穀每歲不過七百石僅足餬口以備緩急乞請定奪緣由前來該本府署印唐同知查得濱州議將新餉銀就近糴運利津霑化蒲臺三

縣并濱州遠鎮俱議解銀糴運海豐議運本色米價脚價候彼時另詳等因到司該司看得遼餉之取資於海運者先是以十萬計今則議增二十萬矣此其為數甚奢東人即不憚飛輓亦必粟有所出而後可以廣言運事頃據海防道陶副使所申則登萊旱魃為虐千里盡赤百室皆空民惟救死不贍奚暇握粟乘載及查濟青近海州縣以求協濟而有司亦各以災見告其無雨無苗猶之乎登萊也官斯土者驚聞遼事之孔棘亦何敢以秦越相視而故為無病之哀吟然目擊小民顛連又何忍以鞭扑相加而強作無米之巧婦惟是務殫厥心期無負

國期無負民苟可效其綿力則一糧一糗在所不靳

但不敢定取盈之額耳總俟年終報數等因到職案照先准專督遼餉戶部右侍郎兼都察院右僉都御史李　手本爲那運本色以濟急需事內稱爲轉行該布政司或將青萊登及濟南巡海地方應納錢糧俱改本色或借倉穀或將新餉銀兩廣行召買俱運赴登州轉運此勢在燃眉凡該省應解本部錢糧不妨逕行留用希即處妥回覆以便查照施行等因又准督餉部院手本前事內稱煩轉行布政司及青濟守巡等道將近海州縣一應解部錢糧盡改本色其倉穀堪借者盡行借動新餉堪支者盡行支買務要刻期完備作速運登以濟危遼之急等因前來已行司道遵照去後近閱邸報又該督餉戶部右侍

郎李 一本為遼餉燃眉再陳末議懇乞
聖明速賜允行以便責成以圖接濟事內稱該臣趨
事之日遼餉本折尚未議定若干臣於條議前疏款
請行諸臣計一歲兵馬大約之數以便計餉不意
俞旨久稽近接部咨方行計算則每歲本色約用六
十餘萬而馬匹之用有謂芻豆更需三十餘萬二項
共及百萬而目前見運者一登萊耳登萊之運雖議
自去歲而實於今春始力主行之惟時計二府遼餉
額數物力止於十萬茲准部議增為二十萬臣咨行
山東撫臣於濟青近海地方均為協濟且議量動倉
穀以廣其數矣等因今據該司議呈到職該職會同
山東巡撫王 看得遼師待食于海運海運待給于

登萊登萊二郡產穀幾何于是又議及沿海州縣乃州縣之沿海者青止四縣濟南一州四縣耳此九州縣產穀又幾何當海運之初開正值年時之豐稔登萊積粟急于易價民間盖藏盡發此時但憂無船不憂無粟然而初議歲輸十萬前撫臣李　猶慮額憂之令船之難致如初而海運之瓶罍幾盡矣沿海州縣行令應納錢糧俱改本色起運人情囂然盖新舊遠餉各屬多不過數千鏹一人挈之而趨掣批即可了事今責以千萬鍾之汎海去城遠者細載以煩馱運去海遠者堆積又煩苦盖抵海則多方以募舟登舟又守風以泊岸船户既多侵折糧户又苦賠償非常之原黎民懼焉于是各持解銀之説夫銀可解也

處處皆能辨之奚獨責成于近海之州縣乎職是以嚴檄督成務期輸運本色仰體軍興之急即拂民從事亦不得不然顧民間之粟須藉天生地長天地不能生長人力其如之何今歲登州及青濟沿海州縣多苦旱無禾則輸粟之難不獨窘于人力亦窘于天時矣自昔奴酋犯順摧城破堡荼毒生靈遐邇人心誰不思食其肉凡居

王土皆當轉輸凡為

王臣皆當協力決難以枵腹之軍控方張之虜餉臣急餉職亦急餉餉臣顧加倍職亦顧加倍斷無秋毫之牴牾致議論之枘鑿但據目前之事勢如淮船不可多得而造船于遠遠人驚竄不可得船又轉造于

天津往來跋涉每成畫餅則括船于海可不謂難乎餉船開洋海颶不常驚湍靡測深則虞泊淺則虞礁守伺動經旬月生死立判須臾近且慮戎心睥睨運途中梗駕船于海可不謂難乎開鐵既陷閩風破膽北人每思南遁南人不敢北渡淮南惟恐留船如脫網之魚遼商惟恐被兵如驚弓之鳥商途阻塞招之不至則通商濟運不亦難乎運糧遠涉不能朝至而夕收返棹歸來或致此迴而彼逗奸弁動索折乾以欠作收其或索之不得以收作欠甚而攙水和糠經風曝日欲掣批交卸不亦難乎有此四難人懷退縮且田間無米市糴難招昔以米豆多而憂腐爛今以年歲歉而窘徵收即仍前以充十萬猶或難之欲加

倍望糧于東省恐不獨職以為難即飭臣亦自知其難耳然職不敢自諉其難督率羣屬勉期及額且與道臣多方區畫以圖不幸

皇上之任使第願主計者毋局職以二十萬之數職亦不敢自限于原議十萬之數銖積寸累儘職力量之所能為倘獲庶幾以如前數職不敢自居以為功如力不可勉數不能充亦望截今歲之贏補將來之乏蓋職督羣屬不得不嚴嚴則期于集事調小民不得不寬寬則可以奏功通融于彼此盈縮之間劑量于人情甘苦之際庶臨期可免捉襟而遇事無虞掣肘矣職又思飭遠長算陸運取必于人海運待命于天人可必而天不可必以可必者為經以不可必為

權勿因陸運多費而遺其所安勿因海運偶利而行
其所不測水陸并輸亦經權互用久暫可行之法也
伏乞
聖明勑部酌議施行奉
聖旨
三十二
戶部尚書李　等一本為遼餉燃眉再陳末議懇
乞
聖明速賜
允行以便責成以圖接濟事山東司案呈奉本部送
戶科抄出專督遼餉戶部右侍郎李　題稱前事
等因奉

聖旨該部速議具奏欽此欽遵抄出到部送司照得遼師出勦敗潰以來增兵調將目無虛日近者羽檄將遍於天下而士馬十倍於去年夫有兵而不預與之餉則必有枵腹之虞有餉而不早為之運則必有噬臍之患然海運速而險陸運穩而遲況春夏則海運可行而秋冬非陸運不可是以督餉大臣前查舊例近採輿論而斟酌區畫有二策四説皆濟遼人急著轉運之便計也亟當具覆案呈到部該臣看得督餉所稱目前濟急之策謂軍士糧米以六十萬石計而馬匹芻豆以三十萬石計乃今年登萊道陶副使所運二十萬將完矣天津道所運截漕十萬已發矣其薊鎮召買五萬及永平召買十萬俱由陸運抵芝

蘇灣至三岔交卸甚便也然芝蔴灣無船則速造十隻以濟目前計之不容已者也關内之轉輸關外之接運俱製牛車自為拉曳甚便也然給銀已久製立或完亦計之不容緩者也山東濟青登萊及薊永河間近海州縣俱將新餉納本色以為明春海運之需議于淮上造船以供明春海運之用查征倭造船舊例應動户工二部銀一十三萬五千兩所當照數支給者也近聞文登縣主簿徐弘諫所造淮船每隻百兩實為省便所當加職仍為委用者也至于海運大開舳艫千里而水手旗甲不無奸偽則單引腰牌宜給以便稽察者也奴造巨舟謀絶糧道或沿海亡命覬變伺隙則海防兵將宜設以防不虞也大洋之風

波甚險而真正之漂失當原則寬文法以恤之有意作奸者追究至遭溺者免不為縱矣士民備脚自運何異輸粟助邊則分别多寡以優之多者優陞職少者量授官不為濫矣語曰一手獨拍雖疾無聲兩人同心雖金可斷今在局内者嘔心區畫而文移飛遞也乃局外十不一應者有之或動至經月者有之如此而當呼吸存亡之際其能濟乎即如臣部題准加派一節該省鄉紳俱言徵輸在縣矣至今猶有未解者如留税一項業已奉旨部文已到如太平府者猶然混解使海内俱如此痛癢不關俱如此秦越相視則數百萬軍需將鬼輸之乎數百萬之轉漕將神運之乎臣于是而信督餉

與臣心同苦病同調矣今議事在淮上則徐淮道任之事在山東則山東司道任之事在天津薊永則各司道任之與督撫諸臣一體催督各司不奉法者令行參處或臣部會同科道參處皆非得已之著也如有實心任事極力勤

王如登萊天津道臣年終咨部紀錄優叙其沿海府州縣官俱內聽吏部外聽撫按以賢能銓調蓋賢者重名而輕利故多急公而忘私與夫鼓舞文武士民分別陞授等項事屬吏兵二部職掌非臣部所敢越俎也伏望我

皇上垂念遼餉喫緊速下臣部容臣移咨吏兵工三部及省直督撫一體遵行遼左幸甚臣等幸甚

三十三

山東等處提刑按察司整飭登州海防總理海運兼管登萊兵巡屯田道副使陶　為赴邊甚急望闕漸遥再瀝愚忱仰祈聖鑒事萬歷四十七年七月二十四日蒙欽差專督遼餉户部右侍郎兼都察院右僉都御史李　憲牌先准本部咨稱遼東經畧熊　題前事等因備蒙牌仰本道即便移會青濟萊州守巡等道將近海州縣應納本色應借倉穀應動新餉俱要多方措辦委曲收置務足三十餘萬之數急為轉運以濟目前之急仍傳示押運等官俱要實心任事勉力報効年終分别咨

敘取具遵依繳報以便查考蒙此本月二十八日又
蒙
欽差巡撫山東等處地方督理營田提督軍務都察
院右副都御史王　案驗准
督餉部院李　咨先准
本部咨稱遼東經畧熊　題同前事蒙此行間本日
又蒙
巡按山東監察御史陳　憲牌前事准
督餉部院李　手本内稱山東海運據海防道詳報
已運米豆一十一萬餘石該山東清吏司查得經畧
議用本色六十萬石則登萊海運今歲至少可運三
十餘萬石俟明春再議酌加煩為轉行布政司及登

萊青濟守巡等道將近海州縣應納本色應借倉穀應動新餉俱要多方措辦委曲收置務足三十餘萬之數急為轉運等因到院已經案行布政司查議外

看得登萊海運向經　前撫院李　定議歲運濟遼業有成案今一旦議加三十餘萬石是比前歲不啻三倍何前嗇而後豐昔寡而今多一至此也登萊及沿海州縣應輸本色計數若干年穀果否豐登船隻果否齊備海道往來果否順利招商載穀召買果否通行擬合再行博謀廣詢以便回復為此牌行本道即行登萊近海州縣悉心計議如果物力年時可辦三十萬石遵照原文同心協濟如力難措處不妨明白條議各府州縣通詳

兩院並詳該道酌議類詳務求長便無悞邊儲限文
到五日内具報以便回覆施行蒙此又准分守海右
道手本蒙
本院憲牌准
督餉部院李　手本同前事准此本年八月初三日
抄蒙
督撫軍門王　憲牌准
督餉部院李　咨同前事等因備牌仰道即行登萊
近海州縣悉心計議如果物力年時可辦三十萬石
遵照原咨同心協濟如力難措處不妨明白條議各
府州縣通詳
兩院併詳該道酌議類詳務求長便無悞邊儲限文

到五日内具報以便移咨施行蒙此又准
山東布政使司照會節蒙
撫按兩院案驗俱為前事等因備准移照本道煩為速
議妥確牒司以憑覆酌呈報
兩院施行准此又蒙
督撫軍門王　批據濰縣申同前事蒙批海運之艱
何方不爾由濰縣以類推而青濟沿海州縣所難又
可知矣但遼兵待食全資海運今之視昔議加三倍
即有恤民之心恐難行寬減之法仰海防道查議報
蒙此又蒙
軍門批據膠州申同前事蒙批督餉移文有應解錢
糧盡徵本色起運之語意不獨在遼餉也該州近海

米豆數可能進此否仰海防道查議報蒙此又蒙
軍門批據蓬萊申同前事蒙批遼餉緊急凡應解錢
糧不妨盡糶本色起運明白扣除該縣近海事當勉
圖恐難以無米為辭也仰該道照行繳蒙此又蒙
軍門批據㝎海州申同前事蒙批遼餉甚急該州不
能立辦勢不得不借動倉穀第借穀須速補還倉庶
凶荒有備將來亦可挪動至於照價收買及從本州
海口裝運最為得策仰海防道查照轉行催督繳蒙
此又蒙
軍門批據文登縣申同前事蒙批沿海州縣以運糧
多寡為殿最其有運浮於額者本官之能可知續買
商民豆價准將四十八年遼鎮銀支給倘米豆多而

編銀不足則當請給於府一府不足則當請給於通省總之以運多為貴不憂價銀之難處也所借倉豆隨借隨補既可備荒亦便於轉運凡力所能為者該縣儘力為之若明年必欲如今歲之數似為執一之論任事者不必若是之拘也明年春運定應徵本色該道通行所屬知照繳蒙此又蒙

軍門批據日照縣申同前事蒙批遠兵待餉取給於山東沿海州縣自應徵運本色倉穀借動即當糴補若借而不補非長策也運糧須用本縣船隻若拘獲商船遠近聞風驚遁即稍救目前而將來商販裹足難乎其繼矣仰海防道行縣查照徵收起運繳蒙此

又蒙

軍門批據福山縣申同前事蒙批該縣起運邊糧銀
准收雜糧轉運仰海防道照行繳蒙此又蒙
巡按山東監察御史陳　批據蓬萊縣申同前事蒙
批登州兵巡道查報蒙此又蒙
本院批據福山縣申同前事蒙批登州兵巡道查報
蒙此又蒙
本院批據寧海州申同前事蒙批倉穀備荒兵糈濟
急兩者並重即不得已挪甲補乙亦如出陳易新扣
補原數無致虛耗可也其裝運路徑從便宜登州兵
巡道併查詳報蒙此又蒙
本院批據文登縣申同前事蒙批登州兵巡道查報
蒙此又蒙

本院批據濰縣申同前事蒙批登州海防道查報蒙
此又蒙
本院批據萊陽縣申同前事蒙批登州兵巡道查報
蒙此又蒙
本院批據黄縣申同前事蒙批登州兵巡道查報蒙
此案先於本年六月初二日蒙
督餉部院李　憲牌為挪運本色以濟急需事照得
遼左軍興每歲本色該七十萬石目下急用頃刻難
緩今查山東本色數止十萬委為不足合行議處為
此牌仰本道或將所屬該府應納錢糧俱改本色或
借倉穀或將新餉銀兩廣行召買俱運赴登州轉運
此勢在燃眉凡該解部錢糧不妨徑行留用本部院

自為主持擔當也文到之日速處申詳仍具遵依申
報蒙此又准布政司照會蒙
本部院憲牌同前事等因移照本道煩將登州府應
解錢糧俱改本色或借倉穀碾米海運或將新餉銀
兩廣行召買此勢在燃眉凡道屬應解本部錢糧不
妨徑行留用文到之日速為海運一面議妥牒司以
憑類報施行准此又准本司照會抄蒙
督撫軍門王　案驗准
督餉部院李　咨照得遼左軍興每歲本色約該七
十萬石目下急用頃刻難緩今查山東本色數止十
萬委為不足合行議處為此合咨
貴院煩為轉行該布政司或將青登萊及濟南近海

地方應納錢糧俱俱改本色或借倉穀或將新餉銀兩廣行召買俱運赴登州轉運此勢在燃眉凡該省應解本部錢糧不妨徑行留用希即處妥咨覆以便查照施行等因到院轉行到司移照本道煩為議妥牒司以憑轉報

兩院施行准此俱經節次移會青濟萊州守巡各道并行登萊兩府轉行近海州縣各逐一遵行酌議去後續准各道關覆前來今據登州府呈稱行據蓬萊縣申稱查得本縣歲額遼鎮銀并明加脚價銀共二千三十九兩二錢四分七釐二毫五絲七忽四微已徵本色并糴過米豆共四千一百一十石折銀一千八十兩七釐四毫九絲上載用過脚價銀二十四兩

六錢動給商人朱元豆價銀二百五十五兩取有領狀解過銀六百七十九兩六錢四分三絲七忽四微掣有批迴俱附在卷因遼餉急需奉本道明文先將預備倉穀借動九千八百六十石碾米運遼訖續蒙借和豐倉穀六千石碾米載運亦統算本縣項下今蒙前因將欲遵行徵收本色蓬邑環山抱海民苦道路崎嶇肩荷背負難以運輸莫若秋成之日另詳應動銀兩糴穀還倉之為便也黃縣申稱查得先蒙憲牌查議或納本色或納折色何者稱便隨據本縣鄉約里老人等結稱黃邑濱海地窄民貧原無厚積之家每歲所獲不足糊口尚有赴鄰近州縣易買者已經具申上納折色為便其海運遼糧俱本縣借動起

運糧銀多方糴買并借發倉穀碾米已完二萬石之數候徵四十八九年遼鎮銀兩補還起解刻令亢旱不雨秋成失望今復蒙查議或俱改本色或將新餉召買恐百姓聞之驚駭合無俯從末議將新加餉銀七百一十二兩二錢零徵完責令佐領等官向豐收處所糴買本縣添設脚價運回聽候載運庶外濟軍需內甦民困似為妥便福山縣申稱遼左兵馬雲集必資於餉斯為足兵足食計耳查得本縣萬歷四十七年見徵四十六年起運京邊糧銀五千九十二兩七錢五釐內除遼鎮銀一千四百一十一兩二錢折收米四千一百五十石五斗八升九合已經運糧訖止見徵銀三千六百八十一兩五錢五釐係解府類

解布政司轉解
部各倉坐派之數存留糧銀二千六百六十七兩三
錢五分四釐係解府班軍糧銀及本縣官吏師生俸
廪月糧毫不可缺及查本縣預備常平備荒三倉共
積粟穀九千七百三十二石原為本地備荒之用已
經奉文借動穀二千八百九石四斗七升二合六勺
碾米一千四百四石七斗三升六合三勺於本年六
月二十九日運遼去訖其餘穀石既係備荒似難再
議借動今奉行查議遼左需糧甚急合無就將見徵
前項户部起運錢糧三千六百八十一兩五錢五釐
俱准收納雜糧載運庶公私兩便軍需有攸賴矣但
糧價難以懸定合候臨時照依時估定准并收過糧

數一併册報至於兵工錢糧各有額派倉口之數不與征倭海運事例相合者本縣難以擅動留用棲霞縣申稱查得本縣應徵解起存糧徭俱係解部錢糧似與征倭事例俱不相合遽難申動止查得四十六年新加遼鎮未解銀五百八兩六錢四分七釐二毫七絲五忽將已徵貯庫者廣行召買見年追徵者今納本色即宜照例遵行但此時舊穀既没新穀解收議本色則礙于價值未平議緩徵則妨於急需有悮查得明文内有或動倉穀一款本縣常平倉見貯累年奉文糴買并各項贖穀約有九千七百三十石零合無委官一員管理分發在城並附近居民人等量其人力酌量領穀碾米起解可濟急需第本縣離海

寫遠運至本府海口計程一百五十餘里其脚價夫役之費無憑措處招遠縣申稱查得本縣應納起運原係解京錢糧存留糧銀係解支軍需並官吏師生俸廪月糧俱係鞭正額毫不可缺其遠鎮本縣每年正派連脚價共銀一千六百三十兩三錢六分三釐七毫九絲五忽二微奉文徵收本色并解過銀兩除四十七年已完外各社復報輸運過米豆共多納銀一千五百二十二兩四錢四毫應抵四十八年遠鎮隔年預算尚未坐定再無別項堪動錢糧及查倉貯粟穀約九千有奇原為備荒之需今奉借動倉穀六千碾米三千石所存無幾又查本縣原奉撫院明文分劈荒地四十五年銀一百八十七兩八

錢一分五釐二毫三絲五忽四十六年銀一百九十
三兩三錢二分七釐二毫三絲五忽以上二年已完
未完共該銀三百八十一兩一錢四分二釐四毫七
絲原為留抵倭餉堪准動用那運本色合無轉達照
時價糴買庶事體妥當官民兩便萊陽縣申稱查得
本縣錢糧俱改本色但民間以去秋之糧止足供今
春之用若收本色候再為議處本縣已經遵行動發
倉穀六千石碾米三千石分給街民領碾完申報發
運候照數糴還上倉及查本縣新加兵餉銀六千四
百一兩除未完銀二千二十一兩八錢五分見今徵
收外其已完銀四千三百七十九兩一錢五分內已
發給千總曲思化領用糴豆銀一千兩見存庫銀三

千三百七十九兩一錢五分合無請乞於內再行批發若干或委官員督理或令廣行召買其應解戶部錢糧先儘遼糧徑行留用一年事畢即清算結報一年寍海州申稱查得本州應解

戶兵工三部錢糧不與征倭事例相合者未敢擅議外應解起運糧銀共八千四百九十一兩八錢三釐九毫九絲六忽內動過遼鎮銀一千九百二十八兩八錢九分六毫六絲六忽六微已經徵買米豆運遼訖見徵尚該銀六千五百六十二兩九錢一分三釐三毫二絲九忽四微欲議該徵本色奈本州地皆磽鹵產糧不多且今歲風旱為災西成無望恐致糧價騰湧臨時掣肘反滋不便但需餉甚急軍興宜供查

本州常平倉貯穀四千七百二十五石六斗四升九合三勺五抄五撮五圭二粟内除學田租穀二十四石外尚該穀四千七百一石六斗四升九合三勺五抄五撮五圭二粟係各院司道并本府本州撙節等項銀兩積穀俱登循環按季倒換稽查屢蒙申嚴主守員役用心看守收穀數合無於内借動分發在城并附近居民人等領碾米石運赴登州聽候轉運候徵完前項起運銀兩并待派徵新加兵餉銀内扣算照依彼時市價糴穀還倉文登縣申稱查得本縣應納糧徭其起運原係解京邊錢糧俱有正欵且無與征倭事例相合之銀存留係解支軍需并官吏師生衛官俸廪營軍月糧

俱條鞭正額毫不可缺其應解遼東鎮銀每年正派二千五百六十一兩六錢四分四十七年遵依改徵本色編派間因士民合詞呈稟本縣地不產穀隨申請蒙本道批允徵銀於本年正月十六日完解訖及查在倉收貯穀豆上年八月內借動穀一千石二斗四升碾米一千石一斗二升又借豆一千七百六十一石一升俱運遼訖於十月內方糴完還倉該年五月內又奉文借動倉豆二千八百七十六石七斗六升裝運過遼訖應於徵收本年新餉銀內俟秋後扣銀買豆還倉其所存穀不多且今歲春夏亢旱入秋風災異常諸禾被傷倘再借動恐難償補應留備賑再查四十七年新餉銀額派四千八百二十五兩三

錢六分七釐陸續追完過銀四千六百兩七錢七分二釐已經隨徵隨支支過運船水脚銀二千四百八十二兩鋪墊支銀一百四十六兩神福支銀一十三兩三錢運官李國勲二次支口糧銀二十四兩書記家丁二次工食銀十兩八錢押船并看糧夫二次支工食銀四十八兩六錢雇驢上載二次支脚價銀八十一兩七錢八分八釐買豆除用府發銀外找領銀八百七兩三錢四分一釐三毫七絲共買豆一萬四百七十八石四斗一升六合運遠訖以上諸項通共用過新餉銀三千六百一十三兩八錢二分九釐三毫七絲止剩實在銀九百八十六兩九錢四分二釐六毫三絲未完銀二百二十四兩五錢九分五釐見

今追徵徵完并實在銀數不多況又該扣銀秋後定價糴豆還倉又有驗定各商豆八千七十五石尚未給價裝運并應給運船水脚等銀無法處給至於户兵工三部錢糧查係糧徭條鞭額數不多且與征倭事例俱不相合其四十八年舊額并新餉遠銀若收本色須量其豐歉再爲議處各申詳到府看得登屬阻山環海貿易不通時偶有秋則出售無門歲值大祲則告糴無所且幅員無幾乃東鄙一小郡也自奉行海運除四十六年者無論今四十七年一歲之間已運至十一萬有餘然此十一萬之糧非取辦於一歲也州縣已預支兩三年之銀本府亦罄借數十年之蓄方能及此正擬具詳請補而

憲檄忽下議歲運三十萬石矣夫一彈丸之地實不能作巧婦之炊也查各屬之議惟福山有起運錢糧徵收本色之説七屬俱稱民苦不便或議糴或議碾大率皆急於奉公之義也第糴必有方借必議還今查本府自春徂夏自夏徂秋亢旱為災所在見告而二麥鮮收三農失望恐欲糴而無所糶碾盡而無所備是未能濟遠先為自困之術也況登府一歲之所入不過七萬餘銀除應解
兵工兩部銀兩外其應解
戶部者只三萬三千四百餘兩以此米豆價值不一中分二者各半只可糴米二萬七千三百餘石豆三萬餘石統而計之樽而節之計至六萬石而止則三

十萬石從何而辦也況又風旱疊至災異頻仍即有銀亦恐無糴處矣至以三十萬石之糧盡責備於登州轉運抑又難之難矣夫以三十萬石之糧即最大淮船每隻載一千石者亦須用三百隻況塘頭利津或五百石或三百石而遼船亦僅可二百石或一百五十石則非得數千隻不能給也目今淮商裹足而不來濟船拘刷而不應即奉文新造亦不過小遼船二十隻而塘頭新造者直須至明年方告完也此何濟於急用哉而欲將餉遼之糈盡付一處載運不惟轉運不及亦恐船隻難集倘或有誤邊儲即罷職斥職亦何益矣查得濟之霑利青之樂壽皆可泊船又且彼處商賈因不在彼處海運見今往來貿易不絕

非如登之一人不至也又似應分運遼餉不獨責之登州矣再照登屬見運之糧已透支來歲之銀亦過額矣則今歲三十萬石之數似當于他處補足然亦物力年時所必然之理也等因又據萊州府呈稱行淮海防同知鮑孟英關稱看得奴酋跳梁勤兵四集遼左需餉甚急敢不竭蹶轉輸但今歲收成減於去年而轉運之數欲三倍於去年恐應承之後米豆竭而百姓輸納不前致有脫巾之變則莫大之罪其何能辭夫陸運不若水運之便青濟近海州縣固難辭矣而淮運似亦可行也三軍不能枵腹以荷戈轉運不得不由近以及遠等因又據昌邑縣申稱該本縣知縣周學閔查得本縣地方大荒之後民窮財盡幸

前歲稍豐逃民回籍元氣未復本年二麥薄收秋禾吐秀缺雨粃多粒少閭閻失望海運米豆已徵收二萬一千之數折價銀六千餘兩運送煩費又用銀四千六百有奇庫藏那湊已竭即來年一切遼糧支用俱盡尚候通融扣算兼時下糧價騰湧每斗日長錢三四文北面隣海遼左阽危人情洶洶似難措處濱海州縣有運少者有全未運者相應隨分勸

王等因又據濰縣申稱遼事倥偬急需運餉凡有同讐之志敢不竭力急公然使剥内地之脂膏折閭閻之筋骨至力不能支苦無從控則亦非仁人君子所忍言也而苦累則無如濰邑為甚職請詳列其狀各縣海口近者四五十里遠不過百又轄在境内今濰

縣白浪河口既險阻難通而假道於昌邑之淮河口且百四五十里而遥夫隔縣則有疆埸彼此之分而寫遠又有鞭長馬腹之慮運送既艱照管不及夫從來無財力交用之法瘡痍初定之民如駭弓之鳥已實懸罄豈能供他人果腹萬一民窮盜起往者崇山之寇為守土憂未聞他省他郡蠲一粒相救者豈當事者忍忘東人之子耶職知濰事而已他不敢言伏乞

台臺俯念濰民海運之艱又值遼警鄰災之候宜少存積貯以活生靈以固根本或委口查勘果否隔縣寫遠裝載不便豁而免之惟口或謂時危事急萬難轉移寛而減之惟命口口急切控籲而已等因緣由

具申到府據此其餘州縣節次差人守催尚未議到欲候通完之日一併類詳誠恐遲誤該本府看得奴酋猖獗殘害我官民選將調兵需糧為最凡為臣子者敢不同心協力以滅醜虜之為快惟是大祲之後十室九空上歲頗豐僅可糊口今年所屬二麥雖有薄收而秋禾未盡秀實餘不具論所目擊者如掖縣境內穀禾枯槁甚多豆田花角稀少較之别邑被災為最登萊二府原議運十萬石本府分運六萬民力已竭不堪苦累而一旦驟加三十萬石百姓聞者莫不驚惶倘輸納不前而繼之鞭扑恐不堪之民則有驅之逃竄司民牧者罪何逭焉如昌邑縣論之新舊逋餉明加脚價僅七千一百五十九兩八錢有奇解

過新餉銀二千兩外止存五千一百五十九兩八錢零收過米豆二萬一千一百八十餘石所用價值與夫已運未運船脚諸費等銀總計約用銀一萬一千五百五十餘兩内除正項新舊餉銀外尚長支銀六千三百九十餘兩雖係暫借見徵起運等銀亦應准算來歲之數尚慮無銀可補一縣如此餘可類推矣濰縣離海頗遠搬剥之苦守候之難兼之鄰境荒旱移民移粟不可勝計米價漸踴尚無底止縣詳已悉無庸再贅平度州離海甚寫南至膠州海口一百四十里北至海倉亦然搬運守候上載尤屬苦累此糧不可加運者一也其運糧船隻本府原無節蒙本道憲檄多方召募南係淮安等船北屬濟青運艘方得

接濟運用至今淮船未到者孫懿德數船至難者二也至於運道風色順逆不常難以預料已運到遼者甚多而被風傷損者不無如魏暹韓應體金貴糜梓等諸船皆有風波折損之虞此運道難保順利者三也再照召商一節屢經督餉部院頒示分發張掛靡有應者咸謂奴酋殘破遼左販賣者裹足不前此商販通行難期必者四也合無俯從查照原議登萊二府每年仍以十萬為算不敷之數行令濟青二府近海州縣收納本色就用本處船隻載運濟遼而淮運亦行接濟庶登萊兩府無捉襟露肘之虞而軍興不誤於邊事亦有濟矣緣由各申詳到道據此該本道看得奴酋犯順勢在剥

膚援兵進勦需餉甚急凡為人臣誼當竭蹶敢云推諉第登萊為斥鹵不毛之地闤闠無兼旬宿畜之糧查自奉行以來徵買已運遼糧無慮二十餘萬百姓筋力既竭官司盖藏亦空方虞借支之銀無從處補欲議明春再運業已無可為運矣不謂歲辦三十萬石之令復下也夫澤既竭而漁不休皮已盡而毛安附此三十萬石欲責之登萊猶夫望空谷以足音即益以濟青兩府沿海州縣亦屬指畫餅以充饑耳近奉

軍門詳批倘米豆多而編銀不足則當請給于府一府不足則當請給于一省總之以運多為貴不憂價銀之難處是誠頂門一針片言立決本道即遵為令

矣然濟青登萊既爲四府之徵運則四府之中又當以屬邑之多寡爲運糧之額數如濟南所屬三十州縣而近海不下十餘處也青府所屬十四州縣而近海不下八九處也以兩郡之物力應責以每歲共運二十萬石登府所屬八州縣萊府所屬七州縣而傍海阻山郤曲崎嶇擇其一線可通裝運者兩府止於八九處也幅員俱小且地不產禾每歲應共運十萬石一如

餉臺原

題之數儘力爲之不敢辭瘁第登萊已運過一年人力之未經者本道演習而熟嘗之船隻之素乏者本道以招造而全備之若濟青二郡雖有船隻而有司

尚未知作何調用作何招徠也雖有糧石而民間尚未知作何搬運作何收糴也一聞海運不擲而委之不能直拒而謬為不可耳則三十萬石將安出哉而況登萊州縣以海運偏累疲於奔命且目擊旱雹踵至糧價日騰果無雨粟雨金之能誰肯肩神輸鬼運之責故其申詳雖言人人殊要之訴地方之凋敝狀人情之驚惶則但有刻畫未到之詞非有雕飾罔上之語也而本道所懔懔食不下咽者今年登萊兩地米豆全萎槁於炎威顆粒無辨民心又震動於徵調日見逃亡前者旱災詳中所云今年不但不敢徵本色抑亦不敢糴本色者乃字字真情非有飾說也今登萊雖扳援濟青欲其分任而青州之十旬不雨無

異於登萊濟北之沿海枯羨亦猶之青郡若非推廣州縣之數共襄海運之役則明年即欲止于十萬而不可得矣查征倭事例凡州縣去海三百里之內者皆令運餉斯時不過以屬國之蹂躪而勞我

王師役我

王民尚如此也今全遼河東已失去大半遼陽名城危在旦夕

神京震悚

陵寢戒嚴何等時也而可各圖安逸各執己見耶去年糧尚有出民尚未疲在登尚除深山之棲霞在萊尚除阻僻之高密謂不近海免運今既扳及於濟青則當役及於棲密以為濟青之倡本道既不敢辭勞

敢辭怨耶唯是濟青兩郡不在本道統轄之内其近
海州縣應聽
藩司查派而輸將之法惟俟
本院頒諭主者為之非本道所越俎也擬合呈請為
此今將前項緣由同原蒙憲牌理合具呈伏乞
照詳施行
一呈　督餉部院
一呈　撫按兩院
一呈　布政司
萬歷四十七年九月十七日
三十四
欽差專督遼餉戸部右侍郎兼都察院右僉都御史

李一本爲海陸運務方殷懇乞
速賜
明旨以便責成事照得遼事已亟遼兵已調臣謬司
遼餉惟海陸二策蓋臣初任之始曾與遼東撫臣計
之其云海運便而險陸運穩而費二語已盡之矣大
率海運可多也而不能多也故臣原議從海者七從
陸者三此以數論也登萊淮揚天津由海薊永由陸
此以地論也春夏秋初由海秋深入冬由陸此以時
論也近又查有盜前道地方芝蘇灣入海之道更爲
便捷蓋自天津以至永平海道之可行者也自芝蘇
灣以至三岔河亦海道之可行者也中所難者自永
平以至芝蘇灣内有山海關秦王島一節礁石難行

止一百餘里耳若由天津以海運至永平而起陸車運以至芝蘇灣由芝蘇灣入海以達三岔河而起陸車運以抵遼陽則海運兼行最稱長策永平寧前各司道僉謂可行此北岸一番之運可以當南岸三番之時日軍國第一利也第海陸交卸之際須建立廠廠添設委官一切督押稽查之法在關之內外兩處司道各分地而力行之耳而此時所難者第一海苦于無舟據山東布政司及登州道屢次申稟極稱船隻之少非大造淮船不可而天津十萬之運司道極力措据船已一空該臣見請截漕二十萬於津德兩倉漕臣又增四十萬尤為先事之備則來歲遼不患無糧而津患於無船即芝蘇灣之議鑿鑿可行而該

道先以無船慮近總督漕臣移書於臣亦以為非專官特造不能如此之多備查東征舊案動戶兵工三部銀共一十三萬五千兩淮安有造天津有造芝蔴灣尚有廢船二十隻在岸斯造船之當議也二苦于陸運之無車永平一道動銀八千餘兩造車六十輛四驛各分十五輛各輛載二十四石計十五輛可載三百六十石以一日往一日返一日止可運五千四百石一歲所運止可運六萬四千八百石耳關外各驛不過大車二十輛小車八十至百輛而援兵經過及火器盔甲悉用此車又安能計程計日以完此數十萬之運耶斯造車之當議也該臣備行督理主事田時春與各該司道再四籌議查得天津由河海以

至永平銀抗柳起車出關以至芝蔴灣應聽寧前道造船接運如寧前道造船不及即將原載空船放至芝蔴灣約程二百二十餘里復受原糧直抵三岔河計程四百五十里順風一晝夜可達茲寧前道造船已請發銀三千兩仍議於天津造船可裝四百石者共造百隻一運計裝載糧四萬石一年權作四運可運十六萬石若作五運可運二十萬石總賴風順水利難以拘擬其每隻約費銀二百餘兩共約費銀二萬餘兩亦不為靡此天津造船之大較也南岸由天津登萊運至北信口蓋州套其登萊船隻另聽雇造而天津船隻目前搜括已盡安所備明歲之用乎況南岸海道甚遠必得打造二百隻一運計裝載糧十

二萬石幸而徼天之幸風伯效靈海若助順則可三運否則止可一運耳每船約費價銀二百餘兩共約費銀四萬餘兩近有議者謂造船一節須雇覔水手所費甚鉅不若雇募沙船所省數多兼可禦截糧意外之侮即以所省之銀加值於沙船無不應者則半造半雇在臨時酌處行之此淮安造船之大較也陸運永平關内四驛原議設牛車六十輛其數太少今既開芝蔴灣之運其糧益多議增牛車二百四十輛方可足運每車一輛木料繩索牛價草料與車工食一年用銀一百四十二兩共用銀三萬四千八十兩此永平添車之大較也至於運發有登萊有天津有淮揚有薊永之各處而收受轉運以達遼陽則惟海

蓋一道其工力萬倍於各省直也前該道議造小牛車五百輛自蓋州套至鞍山站計遠二百一十里將車分置四處接替搬運以三日一往一返每年僅可運十二萬石以致登萊之糧堆積海岸日就腐浥可惜可慮今該道呈議再增牛車一千五百輛同前共二千輛仍以三日往返每歲所運纔及五十萬石其中陰雨泥溢有減無增非能預覩其車每輛繩索口袋牛價草料車夫工食據該道詳開總算每輛一年用銀四十八兩二錢計漕車一千五輛共用銀七萬二千三百兩其所買牛騾該道議須買於關内容臣與督臣計定另行派處夫糧以陸續而運車以陸續而議則筞定銀數亦宜預備以聽陸續酌發勒行催

辦此海盖添車之大較也總約四處車船通共費銀一十六萬有奇亦臆料之數難以執定相應請發銀三十萬以候支用可以結四項之局也以上皆據司道往復數四爲之駁議而後定臣竊計新餉錢糧派至二百萬耳臣發薊鎮召買三萬兩永鎮召買五萬兩遼東召買七萬兩天津運價三萬餘兩召買又數萬兩共用過二十餘萬矣今又請二十萬臣恐多費於舟車而本色之足照折色之詘也倘軍士欲給折色將何以給乎臣所以熟慮而不敢輕言屢駁而不敢輕是然事勢至此必不容緩不得不爲具請矣而尤有難國家漕糧四百萬由各省直撫按司道郡縣以督解之准有總漕總河巡漕及沿途郡道各官一

一奉漕規以達京通在國初以天下全力海運餉遼亦止七十萬而今以七八十萬之米豆止令臣一人與贊理司官督之臣屢疏
請明旨令各省督撫諸臣同心分任又請遼薊津永登萊淮揚司道俱加管理餉務職銜各轄海陸地方以便責成而臣初疏未奉
明旨覆疏亦未奉
旨再疏蒙
旨借稅隨奉
嚴譴三疏下部而覆疏亦不奉
旨四疏亦不奉
旨臣自知庸劣無當

廟謨但請兵調兵之疏隨上隨
報而議餉之疏四不獲一人心知
皇上之不容臣言也益成玩習臣每每行文十不獲
一其有應者動至經時如造船造車設立倉廒召納
本色動干錢糧非可旦夕責辦在諸臣同心者固多
而地方關係重大職事勵勷于糧餉止在一節視之
若不甚切惟二三餉司臣可經行而餉司事權從來
甚輕非得地方各官辦同行之鮮克有濟也且天下
之財不在官則在民今動之於官官帑罄懸取之於
民民力已竭是臣督不在官不在民之餉難矣海陸
之運惟舟與車今舟已用盡車又寥寥是臣督無車
無舟之餉又難矣事權在惟賞與罰如海運一節責

人以用命試之風濤何可易言曰來登報運過一十六萬有餘天津發過十萬永平盜前海蓋道皆報有願行北岸之人而臣之賞不過損俸數金及冠帶空劄一紙而已至於參罰必須上奉明旨令地方諸臣同心責之有司派之委官不應而後臣可行參今明旨不下派責未定則有司委官何所禀成亦何所施其參罰是臣督不賞不罰之餉也又甚難矣總之臣望輕人微上不足以感皇上下不足以服人心異日貽脱巾之變彼時斥臣之官竄臣之身而于國家大事已誤即罪臣無補也不若早為罷臣以示

功令庶後來者人心有所嚴惕耳臣日來催辦船隻
唇吻焦敝船發之後耳一聞風當食廢箸兵多餉少
日夕飲氷蒿目徬徨莫所措手所仗
皇上英明遠
覽特念邊疆
大計乞將臣第一疏三疏已經部覆事欵先
賜允行其臣第四疏所請截二十萬於津德二倉并
漕臣所請截增四十萬之數及臣今疏添車造船合
用銀兩俱乞
勑下本部酌議覆請截留給發施行其關以內者臣
督之薊永司道關以外者責之遼東司道造船雇船
一節責淮揚司道照地分任毋得互相推諉倘至稽

誤責有攸歸仍行各處督撫同心共濟分地考成
明旨責成于臣臣亦奉以責成于諸臣庶免貽日後
誤疆場之罪于國家也奉
聖旨

海運摘鈔卷三

海運摘鈔卷四

三十五

一本為海運艱煩酌議久

巡撫山東都御史王
巡按山東監察御史陳

任事宜以便責成事據山東布政司呈蒙憲牌照得遼左軍興航海飛芻以供邊餉轉運於汪洋巨浸之中又措辦於荒旱積災之後粒粒匪易事事皆難所藉分巡海防道陶副使一人督理今該道循資論俸推轉匪遥倘轉陞別省新推者人地未習恐誤運務且該道所屬止登萊二郡今青濟沿海州縣議令轉輸本色以濟海運非奉

命兼轄難以提攝又該道督運煩勞兼之海防任重如只照常遷轉恐非所以優待勞臣勵任事之氣相

應酌議以便題
請行司會同按察司查議本省海運艱煩應否責成
久任該道止轄登萊二郡今兼督沿海州縣本色起
運應否請
勅該道既任海防又兼運務應否照邊道例推陞從
優另叙酌議明妥通詳兩院以便題
請施行案此該本司會同按察司查得東省當極旱
珠米之時屢奉海運取盈之檄此其間征輸最難風
波罔測非得利濟長才烏能乘風破浪使數萬糧艘
直登遼境之彼岸乎惟是海防道副使陶朗先胸中
有萬斛之奇目下無層濤之險且知人善任得彼黃
生而頻運輙效先事預備乘前豐年而賤糴多藏是

以今日雖荒猶能勉浮運數諸凡造船雇船之役心力已枯此運彼收之講唇舌幾敝其仔肩甚重誠不可一日令弛此擔者也但本官俸深而譽早二月間已推廣東大叅委應保留於此使加銜久任毋論登萊在轄凡濟青沿海州縣皆請

勅給該道兼管庶指臂可使緩急攸賴矣再照本官勞心鞅掌為兵足食亦何敢居功而

國家酬功之典似應以優示勸須於年終甄别果運事有成應照邊道之例推陞毋令本官終遊苦海無出頭之地其他分運有司與押運武職皆得計功叙薦毋隳共事之心等因呈詳到職該職等會同巡按陳看得全遼士卒生命托於轉餉餉不至而兵何有

兵不能存活而遼何有彼陸運維艱不過道路之迂險脚價之煩費耳足履地而行有程人情且遲迴退縮孰與夫海運越蛟螭之宫探鯨鯢之穴問路於不可知而操舠於不可測者哉藉令任非其人職雖督率嚴而軍實何能渡海飛輓何能及岸竊無望洋之歎乎海運之開始事固難任事尤難至於力行見效事有要而可循功遂成而不僨則難之難也職見道臣陶朗先之綜理海運也籌畫周詳巨細不遺於參伍諏諮宏博經權妙合乎機宜凡職計議之所及者處分井井而海上之情形如覩凡職見聞所未及者應對條條而民間之疾苦周知募船不足而督造繼之時而淮揚時而遼左時而天津船之難致如斯皆

該道之克辦也本色不足而糴買繼之或照值以徵
收或先時以預積或多方以轉運糧之難致如斯皆
該道之親覈也蓋其識練才長合時務民情而悉諳
神清心𢘿併詰戎治賦以兼優非該道不能習知海
運非久任不能聿奏成功查本官今歲曾經會舉二
月業已陪推加銜陞級固其分內應得本官隨在咸
宜初無心於擇地而職等得人圖報實有意於擇官
矧目下異常大旱菽粟不登非得本官專心料理轉
輸必誤今日之議留久任為遠也為
國事也非為本官也再照該道止轄登萊今青州濟
南所屬邊海州縣乃安東一衛凡可通海者應屬該
道統攝非奉

專勅難以責成又該道濱海隣遼遼左被兵登萊最
為緊要本官既任海防又兼督餉勞固倍於邊臣任
實重於内道若止循資挨俸照常陞轉則難易無分
勞逸不辨無以作任事之勤或查照邊方兵備三年
課滿許陞二級之例或以督餉有功優叙超陞示勸
其登萊曁青濟沿海州縣及押運武官聽該道年終
甄别勤惰報職叙薦隳誤公務者參處降罰庶懲勸
分明而於運務有濟矣既經兩司會議前來理合具
題伏乞
勅下吏部覆議上請施行
本月初十日奉
聖旨吏部知道

三十六

欽差專督遼餉户部右侍郎兼都察院右僉都御史李一本為舟車造辦無資來春運務甚迫謹瀝陳濟急之策懇祈

聖明速發

明旨以便責成事竊照海陸兩運舟車之計職屢疏言之不啻煩矣茲者津德有截漕之糧薊永津有召買之糧山東有沿海之糧則來歲固不苦于無糧而苦于舟車之未辦也今歲津門十萬之運括舟為之一空不意行至芙蓉島遭東省異風大洋行勘難得真確大約抵遼者約六十隻漂損者前後約二十餘隻其遇風灣泊各島者尚一百八十餘隻時且冬

深該職備行山東各該地方嚴加防守以待明春發運而已抵達岸者又據海盖道報登州運船孫學禮等傷船二隻天津船户陶禹等傷船三隻職一聞之心若焦焚海上風波不常如此豈以軍國命脈脂膏屢輕試于蛟龍之窟乎實職之罪也兩疏待斥寢食靡寧即職向所籌于海陸並運之說亦正慮及此耳而陸運一節其停貯關上者津糧五萬永糧十萬催文數十次未見關外一石之運所設車牛先運硝黄火器後及于糧軍中亟需自宜協供但糧乃職部職掌冬深海運不行而陸又不運職罪何以自逭勢不得不行道速行添雇必求兩濟至于淮船之造職撫東至今言之二載近九月間始覆

允一縣丞徐弘諫承造十月三十日知事楊撰始領到造車銀五萬兩而造船銀兩尚待命于工部職不得已只得分造車銀二萬兩差經歷程守解往淮上夫以十一月方借二萬餘造船于淮轉盼明春時日已迫何以濟用縱神造鬼製恐無及矣職差武生梁聘材所雇沙船前後共報雇完七十隻堅固可行慣于海上而無見給分毫銀兩一至春間各船以捕魚散去何術復招以此勢度之明春之運萬萬必誤彼時罷職一官殛殘一身何濟於事職一官一身無足惜而遼左十萬之軍命絶矣言之可為寒心也職謹披攄救急之策列為九款以急告于

皇上一曰造淮船雇沙船及造津船原計銀六萬餘

兩令宜速發二曰由津至永平由永平起陸出關至芝蔴灣入海其道穩便一歲可七八運而由關起陸則關禁自在也日者經臣閱臣移書亦深以此道為便當力行之但天津之船止可至永則芝蔴灣船宜造價宜多發三曰海蓋道受各處之運詳用牛三千隻應行該道自備一千照東征舊案除永薊密昌四道所屬免派其餘直隸七府均派二千解至關上聽該道差官接領其沿途草料照兵部買馬例行四曰山東一省海道最近視之各處海道遠者脚價獨省雖令年告旱應照各處所省脚價加值收買其濟南一府州縣近東者

准將漕糧改折一年而以其銀買米登萊銀可供遼

運總此漕米折之于山東與截留于天津一也而折
在山東尤近其道臣陶朗先加銜總轄濟青二府已
經撫按會疏尤宜速
賜允行五曰遮洋一總
祖制當復總漕移書于職亦商及以為行今歲已截
漕正耗米共一萬四百八十七石有零于淮明歲宜
及頭幫再截八萬九千餘石共為十萬之數行總漕
衙門以遮洋之船督發海運赴遼雖今歲截留津德
數多然天津一處難以獨任其運勢不得不分行之
淮揚山東而以德州見截之數為備支運則部疏原
有成議也六曰鑄錢之法職部已有通行而盜前道
臣王化貞之原疏條議甚明若于遼東鼓鑄每銀一

萬有餘四千五百兩應資本二萬兩添府佐一員管理於下即聽盜前道臣王化貞專任於上必有成效七曰科臣宮應震條議遼餉一節應設按臣一員與職同爲催督蓋猶倉之有總倉倉院漕之有總漕漕院也如此則同心有人事權歸重尤易責成急望允行八曰開納事例前後諸臣條議已悉應聽職部備細詳議刊成書冊即行天津山東淮揚遼東盜前海蓋等道有願出舟幾隻車幾十輛者照依舟車原價并資本脚價照開納事例准其納官監吏承等項其以糧豆自運遼左者比照在京事例減其二十兩如文武官自肯效用運務者照職前疏查據數目多寡分別薦獎加銜實授九曰各處海防既開則奸徒出

没登萊海盖三岔河天津等處海防最急及今失圖
異日必以海運為咎者各宜設兵防守大率以職計
之津糧見有二十萬山東責以三十萬淮上選上洋
計以十萬又有永薊津之召買二十萬糧儘充然有
餘矣而舟車不備何徑以達至于職部詘乏職所知
也職所共也豈不相體而反相過望但事勢至此無
可奈何日者閣臣疏臣議省直錢糧積貯可查者許
經臣與職據見聞自為搜索該職向聞兩淮運司疏
理道臣袁世振奉
勅疏理一時院道同心二引兼銷三商并利死票盡
括套獘盡解故淮輸多溢又以商灶之折價抵消乏
之補庫各項所積多有贏餘就近淮上儘可以為雇

造船隻之資又如加派搜括之時各縣官中亦有自
爲設處不煩民間者撙節各項以先解濟者若大小
臣工俱能殫心竭力拯溺救焚豈不能力起時艱俾
軍國有賴之利休
朝廷加以破格之常藉此足餉亦可藉此爲臣工勸
也凡此數款俱目前切要事宜
皇上允職之請諸臣同心共濟則職尚得拮据以從
事若
明旨仍前不
允諸臣不爲相助則時已十一月而造舟無銀准船
不成沙船不來明歲之運必誤無疑職受罪於今日
與受罪於後日同也即

速將職斥罷削籍以示振惕人心之戒職之去就禍福決于此疏職計窮力殫語次無倫統惟
聖明矜宥施行

三十七

山東等處提刑按察司整飭登州海防總理海運兼管登萊兵巡屯田道副使陶　為查議就近揀補緊要員缺事據登州府呈萬歷四十七年九月十六日蒙帶管分守海右道副使陶　信牌前事據該府申為致仕事報調任同知王國柱已經回籍緣由到道據此除候巡道呈報按院外但查海防一缺職專練兵防海禦虜禦倭且又當運餉募兵該廳非閑署可比今王同知既不赴任遺缺似難一日缺官屢見

部科條陳凡海運有司俱聽地方上官擇賢選用俱
奉
兩院通行在卷今據前因合行就近查選為此牌仰
本府官吏照牌事理即於隣近地方之内查官員有
資俸已深才守可堪重任者不拘應陞應調開列職
名並議堪補緣由通詳兩道以憑會詳轉呈施行蒙
此續于本年十月十八日蒙登州海防道案驗為致
仕事十月初八日准山東等處承宣布政使司照會
本年九月二十四日蒙
欽差巡撫山東等處地方督理營田提督軍務都察
院右副都御史王　批據登州海防兵巡道呈前事
本年八月初一日蒙

巡按山東監察御史陳　批據兗州府管理運河同
知王國柱呈稱卑職由舉人萬歷四十年六月除授
直隸廬州府推官至四十四年八月内叨陞今職四
十五年二月二十四日到任經今兩年零六個月蒙
前任巡撫山東都御史李　移咨
吏部改調登州府同知理合候憑到任伏思卑職孱
弱之質樗櫟之材惟是瘝曠為憂朝夕勉圖厥職三
年趲運六叨薦章敢不策勵前途期副提拔
德意緣向負怔忡之病久當拮据之勞蓋與日增病
隨歲積性命之憂既叨升斗之竊奚安與不慎始貽
刺素餐曷若慮終早圖引退伏懇
本院念職負病非虛乞休是實憐賜歸田卑職自此

有生之年悉為感恩之日矣等因具呈蒙批海運旁午需賢正急本官以才望咨調重地萬不得遜避也登萊道速行檄催赴任此繳蒙此隨經備行登州府馬上差人馳赴兗州府急催同知王國柱前來登州到任料理海防去後今據該府呈稱遵依責差快手楊國禮前去兗州守催本官兼程前來到任間今准本官關稱竊照本職原患怔忡病疾茲因冒暑攢運病較昔增調任海防力疾難赴已於十月二十一日離任八月十三日回籍訖伏乞本府轉詳本道俯准病廢之軀速簡賢能之吏實為恩便合關本府煩為轉報施行等因備關到府緣由具呈到道據此為照遠警震隣地方多事海運重任詎容久虛除恭候

兩院會
題銓補及經呈
按院照詳外擬合呈報為此等因具呈照詳蒙批本
官不赴新任准作缺報
部員缺仰布政司移會海道查資俸相應官就近咨
補繳速速蒙此合行移照前去煩查咨俸相應官員
備由過司以憑通詳
兩院就近咨補施行准此案仰本府即查該府屬見
任官員資俸相應調轉賢能官就近銓補王國柱海
防廳員缺開具資俸並賢能實跡考語具由詳道牒
司以憑通詳
兩院就近咨補施行蒙此該本府查得福山縣知縣

宋大奎潔守凝霜澡雪捷才掣電追風滿腹經綸一腔忠愛若將本官就近陞轉將朝得請而夕抵任庶於海防海運及徵兵選騎諸凡要務實有裨益而重地可稱得人矣且本官資俸四年以上相應銓補告休同知王國柱海防聽員缺等情緣由具呈到道據此為照登州一郡接壤遼左以防禦則唇齒輔車之勢也以運餉則咽喉血脈之關也而該府海防同知一官一切練兵選騎清勾鹽捕百責萃焉即遼左晏然之日其內地之拮据本等之職業已不勝繁重故給有

欽鑄關防專董戎馬所關原非細矣近日海運繁興轉輸緊急諸凡稽查各屬芻糧招募四方船隻本道

之所竭蹶於數郡之中者尤得每郡有海防官專理而奉行之如衣之有領網之有綱倚藉誠重一或人地之不宜無異治絲而紛之矣今據該府查有福山知縣宋大奎賢聲茂著歷俸四年熟知登務而又其治邑之政及海運之勞尤表表一時膾炙人口議將本官陞補前缺人地既已相宜趨事又復迅速誠地方之幸也再照萊州海口要害不下於登州而海運錢糧多於登屬且離本道寫遠一應海上情形必待稟命於本道而後行則遲迴往返失誤必多惟該府海防同知鮑孟英潔守長才靈心偉抱經權互用張弛動中機宜廉敏無雙兵民日騰謳頌乃有司中之僅見地方所不易得之材也本道屢行該府查議欲

將本官呈請
兩院咨留久任而該府印務即係本官署掌難以置對久未回覆第查本官計俸已七年有餘應陞府正若聽
銓部循資陞去恐海上一時懸缺地方叢脞可虞且新官受事即使人地相宜未必朝拜夕聲而運務浩繁瑣屑非與本道始其事者必不能佐本道而理其紛也合無將鮑孟英議加運同職銜仍管萊州海防廳事候運事告竣另行優叙但本官資俸應陞府正而為地留賢反以運同為銜似乎應陞得降殊非酬勞之典惟是府無二正自運同之外更無别銜可加倘念本官先以救荒調任舍中土之安閑而役異災

之紛遝今又以海運議留棄應得之正轉而羈虛銜之閒職則於賢者未得其平或俾以運同銜支正四品俸他日陞轉即照知府例叙遷庶以鼓任事者之氣而無灰後來者之心也擬合移牒關為此合牒關

貴司煩為通詳

兩院咨銓施行

一牒呈　布政司

一關　按察司

一手本　萊州道

萬歷四十七年十月二十三日

本年十月二十八日該

布政司署印分守濟南道右參政程　覆看得海運

一與登萊萬苦所賴海防道殫力拮据以任總理非得海防府佐分理於下則千艘萬斛豈一手一足之所能辦乎今登州海防廳缺出若是他方銓除恐遠者未必尋來而來者未必知濟遠兵望餉何急而可缺人等待乎查有福山知縣宋大奎利濟長才匡時妙選習知轉輸之款預購芻糧之蓄況歷俸瓜期薦剡踵至相應就近陞補前缺以速運事至萊州海防廳雖有同知鮑孟英從事而計俸七年有奇陞遷在即想部中查俸查薦必將優擢善地以脫此苦海然則擘畫多奇飛輓有術將視舟為輕車海為熟路不為地留人合無將本官加陞運同職銜仍管海防事難理楔問洋共赴公家之急但本官品望超羣俸資

已久應陞府正若止加運同虛銜鄰於旁轉非所以
待賢能獎勤慎也委應支正四品俸異日陞轉即照
知府例叙遷亦非破格僅足酬勞耳
本年十一月二十三日蒙
撫院王 按院陳 具
題該臣等會同看得東省所重在海防而防海在夷
氛轉饟之時則尤重所難在海運而督運于菽粟不
登之際則尤難臣等之所竟夕忘寢當食廢筋者在
海運防海之二事以此責成于該道才品如道臣陶
朗先者固克勝厥任以膺繁鉅乎而匪一人之事也
蓋有為之励勷拮据鞅掌而分衆理焉則海防同知
是已登州府同知王國柱患病乞休不能赴任員缺

應聽部銓補然或遠而難到則曠官近而不習則溺職蓋茫茫巨浸非可按圖以索險夷洶洶夷情詎宜蹈常以規戰守必為官而擇人得人以任官而後地方有攸藉焉若福山知縣宋大奎才神韻異識畧恢弘輓芻粟于波濤慮周事後走飛航于渤海功在人先若就近陞補海防同知資俸相應實為因能授任至于萊州府海防同知鮑孟英原因救荒調任夙負材名七載業官多能集事督沿海無餘之餉權智兼施募遠方難致之船機關互設駕輕以就熟路悉夷猶游刄如迎風節忘盤錯東萊海運全賴本官時當陞轉難乎其繼加銜久任委屬人地相宜第本官年久資深薦多俸積運同祇列虛銜加俸乃當優異俟

日後轉遷即照府正例庶足酬其勞勣而可為居官勤事者之勸矣再照時事紛紛用人為急偶值非常之原難拘一定之格掄才莫急于防邊詰戎必先于治餉異日海運功成餉臣併從優叙臣等得揭功令以率羣屬人或不惕于超海之難而于遠師有濟焉是在部臣之酌議非臣等所敢擅者既經司道議呈前來理合具

題伏乞

勅下吏部覆議

上請合無將未任田籍同知王國柱遺下登州府海防同知員缺以福山知縣宋大奎陞補萊州府海防同知鮑孟英加運司運同職銜支正四品俸仍管海

防事務異日陞轉即照知府例叙遷施行

本月二十七日奉

聖旨吏部知道

三十八

欽差整飭登州海防總理海運兼管登萊兵巡屯田道山東等處提刑按察司副使陶　為計處官船工費以裨遼餉事照得官遼船之設因各處雇船艱難歲月遲誤不得已而造之瓜洲等處划駕到登以供運用原議每船費不過百金而運糧可裝數百石雖有雇募舵工水手之費而較之雇募淮船脚費尚有節省故借支帑金委官打造將欲照淮船例扣其水脚還帑還帑之外永可省其雇費至便也今每船所

載不過一百八九十石而所用舵水等役十二三人計每運之費反浮於淮船之值則安得有餘銀扣還府庫耶今目擊冬深停運各役生食厚餉殊為糜費合無於中酌處或令各役於停運之日減支月糧照看糧夫例止給一半候運日全給或照雇船事例停運之日止留舵工看守餘人盡皆散回任其生理不給月糧直至發運每石亦給一錢七分而即於中扣出官船造費若干以還府庫此船若賃與各役駕使者然如此庶有扣價還帑之日耳合行酌議為此牌仰本府官吏照牌事理即將各役拘集到官從長計議務要妥確具由報道以憑詳奪施行毋得遲延須至牌者

一牌行登州府

萬歷四十七年十一月初一日

三十九

欽差整飭登州海防總理海運兼管登萊兵巡屯田道山東等處提刑按察司副使陶　為赴邊甚急望闕漸遥再瀝愚忱仰祈

聖鑒事照得海運之興專為公私匱乏陸運費奢海省十倍且多兵需糧水路迅捷旦夕可濟耳頃據濟南府呈請查議過該府所屬近海州縣海運詳由到道閱得詳文意匪急公詞多悠謬隨該本道詳批海運之設原因遠餉繁多陸運費侈故冒不測之險與海若爭須臾之命乃為民窮財盡思為地方節一分

之耗蠹并為
國家省一分之加派耳山東海運而取之近海州縣豈非以舟楫代車輓耶乃濱州等處舍海而陸棄舟而車則海運之謂何且未至交船費已至每石一兩以外再加舟費人工又當半倍則當時
廟堂之議奚不令山海關陸運而必遠煩於山左山左之議何不令長山鄒平等處之近登者為車運而又令沿海一帶之遠登者車運也可謂弗思之甚矣據該州縣之議不過謂
餉臺原文有運赴登州一語耳殊不思運赴登州以登為餉道咽喉本道兼轄濟青故欲令赴登地查核而行亦欲其由海而運赴登州未嘗令由陸而運赴

登州也又不過謂各屬所有船隻俱爲登州雇用海口無船耳殊不思登州向亦無船惟其實心海運故不憚遠覓之四方遂雇及於濟屬諸船也濟屬見係有船者果實欲海運何不具文請還原船或倣登州設法雇募海船乎況濱蒲利豐等處船戶原自不乏近日如趙明性李雙興諸人共八十餘家俱赴本道告領船費造船八十餘隻前來供運該州縣而調度有方招徠得法彼當告造於本地又何患乎無船也總之人無實心遂至事無實際果如其所議而行之未有不可駭可笑者也該府想亦見執迷不通不得已而爲之轉詳然令本道又將此詳轉之何處而曰此法可行耶查軍興之法阻撓逗遛俱有明罰各屬

泄泄說夢如此似屬難寬姑以虜警稍緩尚堪改圖該府速行該州縣洗心滌慮另議詳奪至於馬政廳之專管既稱得人押運員役之未備尚屬疎漏該府更當倣登萊例行之毋得苦累收頭柄用衙役也轉盼春和開洋在邇竊詞畫餅萬勿再緻遠左倘至呼庚根究違誤本道不能為各屬諱耳限十日內報繳等因批發濟南府去後為照青郡一體海運已經行文數月各屬寂不一應誠恐臨期無措又以遁詞支吾合預行申飭為此牌仰本府官吏照牌事理文到即便馳行該府所屬近海運糧州縣掌印趲運等官急將海運濟遼事務著實舉行毋效濟屬虛應玩愒本道定摘實揭報

部院分别論劾劣轉决不寛假各具遵行緣由馳報

本道查考須至牌者

一牌行青州府

萬歷四十七年十一月初二日

四十

閲視邊務吏科右給事中姚　一本為遵

旨出關謹據真確見聞再陳末議以祈

聖裁事該職行至永平府接兵部移會手本内稱據

覆職同官張登揭帖奉

聖旨是姚宗文著作速出關與經撫諸臣相機行事

北關既陷其酋長子侄部落何在著于西虜處查訪

明確以憑優恤處置欽此職于本月二十一日抵山

海關即當馳驅東去緣薊鎮真保等處閱視文移難于關外轉發應在關料理而差往西虜通官夷丁員役或宜此中調取及隨行材官家丁人等而以出關之議未定行李不備今以關外苦寒應為體恤辦給不能數日就緒于次月初一日方能出關職驛壯在途見

畿輔騷動所在驛遞紛紛告勞懷詩人載薪之慮至關後與永平道袁應泰自關門至一片石匹馬周視歷覽形勢見城垣單薄兵衛更少又懷綢繆徹土之思謹以切要事宜列款上請

皇上留神軍

國省覽施行

計開

一議防守看得山海關為鎖鑰重地況今東方告急烽火時聞防盜者防之門戶閒則易為力由山而永平薊州以此通灣此門戶之漸入漸深也職見山海關住城已多圯壞邊墻未為高墉總加修築正此其時而往在

都中時臺臣王象恒見語深懷未圖惟以錢糧不易湊手為慮今據道臣袁應泰詳議先修傾圯關城先築缺口先增敵臺先接羅城約費八萬三千八百三十七兩昨見撫臣劉曰梧疏捐節省銀七千餘兩為修築之費此外尚七萬餘兩在該部宜立時

題覆以權為目前補葺之計至于總行修理費更十萬雖曰措處頗難然今為何時此為何地今日費十萬金而不為他日即欲以百萬金錢圖保障之功而不可得也并宜多方設處以圖全效

職在

都中時止知山海關為東要路耳比來此中親至一片石地方見其外當東西夷虜之衝内通石門建昌諸路止城墻一帶亦多圮壞思之大可寒心合于舊城之外山阜相連之處增置敵臺三座其城墻圮壞不堪者亟令該道估計工程並修築宿重兵為衛庶幾緩急有賴伏乞

聖裁

一議添兵夫雖有天險非兵不守陰平劍閣不能止鄧艾之入前事可鑒也職前疏請自山海至通州得勝兵三萬足屏翰神京通州之兵在土著者可查可招可練職前疏已詳言之聽兵部講究題覆外其薊鎮東協等處原議招兵五千永平道臣袁應泰標下新兵三千悉心訓練已漸整肅可觀山海關内外止一千名其二千名分派黄土嶺大毛山義院口等十一處兵散而力薄萬一有警勢不能支欲調彼以援此恐鞭長之不及腹也合再添兵五六千以二千增之關内以千餘增之一片石其餘視各路之緩急為添兵之

多寡問之該道云招兵止議糧餉而無安家之費亦易辦也今義院界嶺日報夷情稍集熊羆之師可無犬羊之慮伏乞

聖裁

一議海運夫從陸運糧率二鍾而致一石其艱難萬狀昨者登萊海運事半功倍遠左幸無脫巾之呼第瀚海風濤隨時順逆放洋揚帆而撐駕占候者非海上長年誠難必布帆之無恙也自天津達山海路循海岸似差易為力臺臣王象恒董元儒言其便督餉侍郎李　昨致書商畧意亦相符臣自望海樓直睇芝蘇灣一衣帶耳去關門不過二千里如運船抵山海起陸出關

至灣復舟至旅順風力之便不過一晝夜不敢
徑以運船越關出海者一則以傍岸有石開洋
便險一則以船通海上關禁難譏起陸止二十
里車馬人力轉運亦易聞督餉侍郎日且至關
料理如造船合式更取江南熟水知風候者令
其撐駕此近濟登萊運事之窮至於登萊道臣
陶朗先鴻猷良畫力肩重任宜加級陞俸以待
異日另議優轉伏乞
聖裁
一請優恤
畿輔臣奔走在途蒿目還顧見兵馬之絡繹運解之
繽紛異常擾動民不堪命矣前通州衛官幾欲

盡逃以密雲道臣喻安性委曲安全甫能終事其餘郡邑驛遞皆戚額相告上人之多方幹濟能稍救目前之困而東事一日未寧則求一日之息肩未有期也職謂既用其力不得不念其生如加派等項在

畿輔三協一帶斷宜寬免昨見程登指放地以重征誣鄉紳以霸佔不顧

國家利害不念小民休戚尚欲朘削獨之髓以供其漁獵之術也方今四海困窮征求不應止緣此輩言利召殃以生釁孽宜即置之斧鑕其驛遞中多應付不給似宜斟酌量加以地方協濟如再加之本地方以甦驛遞之苦是剜肉補瘡之

說也伏乞

聖裁

一請亟議糧餉職住山海閱數日見各援兵至關者有河南之毛兵有山東之募兵其尚留關外有湖廣之土兵雖僅四千人而日糜糧餉已嗷嗷矣況在遼左者已十餘萬而後此相繼出關者尚未有定額也不預為之計此輩能枵腹荷戈否耶職累疏言借處糧餉而計部未聞定畫

司官避怨所呈堂上

請者猶然考成舊套耳嗟乎具疏伏

闕不能望

九閽之開而顧後瞻前不能望一身之慮慮誠周矣

如燃眉無救而轉瞬召亡誰無誤
國之咎乎職虛心再訪爭云稅契一節所得不貲計
部前已議及然章程慢而莫應也宜行各省直
撫按計其遠近定以限期督令征解其事例一
項前見工部主事華顔有封典一欵此以
聖明
錫類之仁開天下以榮親之念自文職貲郎以至武
階盡人子也木本水源爭思自盡願者必多此
皆積重細以成鉅分之無幾合之有濟如奉
旨後各省撫按宜嚴督藩司留心經理以紓
國用至於樂輸慕義豈曰無人勸興未彰後人卻步
如南京太僕寺少卿吳烔捐貲鉅萬不為薄矣

宜
敕令建坊表彰且官其子侄為中書以旌慕義者或
接踵而至也職前疏
請令經略督餉二臣假以便宜自行搜索此究結轉
展之極思也倘於事理無碍亦濟變之策也伏
乞
聖裁

四十一

欽差整飭登州海防總理海運兼管登萊兵巡屯田
道山東等處提刑按察司副使陶　為仰遵
明旨酌議海運事宜懇祈
聖明俯賜採擇以安內地以重軍需事據青州府呈

詳沿海壽光樂安諸城日照四縣議運本色款項冊由并違誤吏書押解到道除審明薄懲發回外查閱冊開款内率多浮游未實難見諸施行宜合摘款查議為此牌仰本府官吏照依牌内事理即將發去駁查單款事宜該府作速另議妥確詳道批發及時舉行事關邊餉最屬緊要慎勿怠忽不便須至牌者

計開

一查該府冊開壽光縣舊遼鎮銀五千五百餘兩新遼餉銀三千一百餘兩既稱差大戶張慎言張丙等解訖但未見取獲批迴附卷又不明言解在何處似屬縣正捏報該府另查明確行令盡數糴糧仍將糴過糧數報查

一查該府册開壽光縣運糧脚價款内云本縣陸路水路至登州相距一千五百里據此為照壽光運糧應自該縣海口開船直抵蓋套為是不必纒擾登州已經通行改正外該府另議報奪一面仍照前牌行運糧各縣知會

一查該府册稱壽光縣雖係近海原無大船今另造船隻申動發下買米銀兩内暫借三百兩造船六隻據此查得買米候運勢在燃眉今造船借用米銀似屬未便蓋借銀則誤買米而缺船又誤轉運兩者並屬緊要該府宜速計處報奪

一查該府册稱押運官員待糧運起行有日方

據的數申報據此為照運官應該豫選守法善海者籍名在册聽候陸續隨船委用若待運行方委則又須時日誤事多矣該府宜速選定以職名報查

一發運糧船刻給長單印發腰牌宜倣登州事規預刻呈驗發用令册報待收糧完日運至海口方開單填給則又費一番往復守候愈為誤事仰府查照海運刻册內事理預刻呈驗請印

一查該府册稱糧船發行之日該縣委佐貳等官在海口巡查不許夾帶等弊據此為照稽防發運一節當以該縣掌印官親詣海口巡

查點發以肅運法若委之佐領則官卑望輕
難以彈壓反滋多弊該府另議報奪
一查該府册開樂安縣水路原議自登州至海
蓋套交卸據此為照樂安運糧應合在於該
縣附近海口裝運開船直達蓋套交卸該縣
原有海口安得擾及登州仰府查照前駁壽
光條款一體遵行
一查該府册開樂安縣督催押運款內云糧餉
催押須官本職不時委僚屬一員督催至於
押運官員候糴糧完日酌定據此為照督催
應委何官當以職名報查安容含糊虛應其
押運官員亟當預為遴選數員註考詳報批

發臨時陸續委用庶不誤運至於看糧夫役
亦當預召不得延緩文到該府速照海運冊
內亟舉行一面行令運糧各屬一體遵守
一刻發糧船長單及腰牌該府查照前駁壽光
款內一體遵行
一查該府冊開諸城縣議運本色款內止拘新
舊見在遼餉并府發銀兩以資運費何不遵
照近行凡一應錢糧俱改本色運遼至於脚
價銀兩又有不近海州縣解濟俱不得於本
色內又扣出脚費致本色少收無濟遼餉該
府亟宜申飭運糧各屬查照遵行
一查該府冊稱該縣雖有海口土著人戶從來

無船止是南商往來任便去住無常先曾奉
文拿船各商率皆逃避本縣差人嚴緝僅得
數隻原非本地船隻似難預定數目據此看
得轉餉急如星火船隻尤當早備登萊向以
無船全在設法招致今且不可勝用今諸城
近海近淮致船甚易須設誠力行毋致有糧
無船失誤邊餉該府速督運糧各屬上緊備
辦具數報查

一查該府册開諸城欵内督催押運各官並無
職名可覈運糧刻給長單當查照海運册内
倣登州規制發運稽防夾帶宜令正官親查
該府俱照前駁壽光欵項一體督催舉行

一查該府册稱日照縣雖係近海原無大船止有本縣滕自寬等船五隻見在登州守凍運糧往來南船屢經申報撥發運糧訖以後用船運糧本縣另行雇覔據此查得日照夙為舟楫之藪詎止五船已也況復南商往來船隻不可勝用今該縣尚以空文回答曽未報有一舟轉盼春初將何裝運蓋不以邊需為急也該府宜著實嚴督及時雇募勒限報查如違提究至若設立督催押運各官刻給運船長單等項俱應嚴催預為舉行該府不時報道查核

一牌行青州府

萬歷四十七年十一月二十日

四十二

山東等處提刑按察司整飭登州海防總理海運兼管登萊兵巡屯田道副使陶　爲海運事據萊州府呈萬歷四十七年十一月初三日蒙本道案驗本月初一日蒙

欽差專督遼餉户部右侍郎兼都察院右僉都御史李　案驗贊理遼餉四川清吏司主事田　案呈奉

本部院送准

欽差巡撫遼東地方贊理軍務兼管備倭都察院右僉都御史周　咨稱據直隸永平府駐劄關原管糧通判白似玉稟稱卑職於本月初七日到盖州初八

日赴連雲島督催委官盧九錫等將運到糧石盡數
分收二日三十四船交明出給實收趂風西回矣初
十日赴蓋州套督催委官盧九州等將堆積岸上未
盤之糧盡數盤明亦出給實收二十餘船亦回矣備
詢各官五六月所到之糧謂何尚今堆積羈留船隻
不返委官稱其船運米豆潮濕一收到岸經風就折
憚其賠補是以互相推諉逃避黄同知面晒據實業
已通詳尚未酌有定議合無每石准給耗糧一升庶
收受之官無累以便責成任事調到排車二百餘輛
公同張同知照式每車填給小票徑達遼陽下卸每
回給脚價三錢每名給銀一兩二錢四回完畢暫准
盜家囑託張同知照例填發卑職於十一日起身南

行十二日到北汎口備查露積糧二萬石上下驗看俱無損壞十四日到金州備查三犋牛糧四萬石未蒙之先已運赴本城軍儲常平二倉及城樓公館寺院收貯亦無損壞聞旅順口亦有囤積糧四萬餘石方欲詣彼查看詢其道路去西南一百二十里卑職備閱圖籍計其程途酌其難易不敢不亟為上陳之由復州北達遼陽四百餘里由金州北達遼陽六百餘里俱山崗嶺險海套底凹陸運極為艱難必得小船剝運見有鎮江旅順兵船民船不滿四十隻每石由三犋牛等處剝運蓋州套三犋牛復給船價銀一錢二分旅順口復給銀五分北汎口給銀三分每運不過三千餘石月難至再恐無稽考沿途耽誤與黄

同知酌議每船亦給小票一張上填船户某人某日運糧若干石限某日到如沿途守風備填票内某日某處守風以便覈其勤惰以十萬糧月運糧月運如是欲濟軍與何異望西江之水耶此糧尚然又何益之以天津之糧乎況剥運往返曲折風浪險阻小船不穩也且無論縻費船價抑恐緩不濟事合無速行移文

督餉部院將續發天津萊州糧石不必分運於北汎口借一帆之便俱達蓋州套下卸三廳各相地宜各立棚場分行收發庶船無壅滯數千金之脚價可省或謂分運地頭脚價多寡不同盜一例我與亦可平其情矣計恐船將抵岸移文不及乞賜

令旗一桿督令北汎口船到俱轉發蓋州套極為省
便等因具禀到院據此擬合咨會為此合咨前去煩
將續發天津萊州糧石檄行委官不必分運於北汎
口俱發蓋州套下卸庶為省便仍乞咨示等因到部
送職奉此查得天津所運漕糧一十萬石目今隨處
暫停伺明春方行長發其起運之時已議令盡赴蓋
套收受無容置喙矣但萊糧先經海蓋道奉
經撫兩院批據守備文濟武呈詞要將萊糧原議卸於
三犋牛者改卸蓋套而副使陶堅以蓋套窄小淺
灘內多礁石淮船身大難容因查北信口視三犋牛
已遠而去遼陽又近似為便益已呈
本部院移文

經督撫按各院知會已後萊糧運至北信口交卸令墨跡未乾復有此議恐萊人未必如所請也應否將津糧行令各海運委官伺明春俱載蓋套交卸其萊糧應否行登萊道令其改運蓋套等因呈堂奉批行登萊道查議行奉此呈乞施行案呈到部擬合就行為此案仰該道照案事理文到火速查議萊糧應否堪以改運蓋套倘小有不便不妨委曲調停或程途差遠不妨量增脚價務期彼此兩便永利軍儲抄案依准呈來蒙此擬合就行為此案仰本府官吏照案事理文到火速查議該府遠糧應否堪以改運蓋套倘小有不便不妨委曲調停或程途差遠不妨量增脚價務期彼此兩便永利軍儲火速議詳前來以憑

覆議轉報施行等因蒙此議詳間本月初八日又蒙
本道案驗本月初七日蒙督餉部院李 案驗前事
賛理遼餉四川清吏司主事田 案呈奉
本部院送准
經畧部院熊 咨據管糧通判白似玉呈稱督催海
運糧石聞旅順口亦有囤積糧四萬餘石方欲詣彼
查看詢其道路去西南一百二十里職計其程途酌
其難易由復州北達遼陽四百餘里由金州北達遼
陽六百餘里俱山崗嶺險海套底窪陸運極爲艱難
必得小船剥運見有旅順兵船民船不滿四十隻每
石復給船價銀三五分不等每運不過三千餘石月
難至再恐無稽考沿途躭誤且以十萬糧月運如是

欲濟軍需何異望西江之水耶此糧尚然又可益之以天津之糧乎况剥運往返曲折風浪險阻小船不穩也乞速移文

督餉部院李　將續發天津萊州糧石不必分運於北信口借一帆之便俱達盖州套下卸庶船無壅滯數千金之脚價可省矣等因併畫圖前來據此看得前項海運雖已抵岸今卸北信口距遼陽尚五六百里遠欲從陸轉輸而山險不勝跋涉再從海剥運而船小不任風波據議令原船徑至盖州套水道甚便特借一帆之力無裝卸轉剥之煩又省數千金之脚價誠為極便為此合咨

本部院煩照咨文併水道圖式轉行各道將續發天

津萊州海運糧石責令運船不必分投北信口徑由彼處直抵蓋州套交卸不得推諉仍希咨回備照以便轉行收卸等因到部送職奉此案查先該

遼東撫院周　咨前事已經案行登州道查議去後今該前因相應併行查議案呈到部擬合就行為此案仰該道即查萊糧應否堪以改運蓋套火速酌議呈覆以便回咨施行抄案依准呈來蒙此案照先蒙

本部院案驗前事等因已經備行查議去後今蒙前因擬合併行急催為此案仰本府官吏即查該府餉糧應否堪以改運蓋套火速酌議呈道以便呈覆回咨施行蒙此看得萊糧運卸之處何其屢議而靡定也初議於三犋牛至遼未為不便也後以為不便不

得不遷就於北信口矣後又以為不便不得不遷就於旅順矣今復欲改蓋套謂蓋套至遼陽路近而費省耳是惟知蓋至遼陽受者之便於陸而不知萊卸蓋套運者之不便於水也不然運餉者豈其不惜登人而使之入套獨惜萊人而卸之旅順乎良以二府之糧多寡分而雇來之船大小別如套窄之難容多舟也套淺之難入大舟也礁撞之可虞也守候之不便也運餉者籌之熟而後兩府有易地分卸之議然疇昔之議就疇昔所運之數言耳今所運者以三十萬計舳艫之多數倍於昔矣俱欲聚於淺窄嶮巇之套果能不撞磕套內乎果能不擠之套外乎擠之套外而以三軍之命脈頓之汪洋浩瀚中能保無風波

之虞乎糧在舟中猶萊府責任脫有疎虞誰分其咎本府之糧有不敢輕於議改者倘到蓋套而糧多損失船多遲誤額定之數不足不歸罪於萊之督運者又何敢重拂遠左之議也緣由具呈到道據此看得萊糧初議運于三䢪牛再議運于北信口又再運于旅順者皆由遠稱不便而萊人亦隨叩輙應依地轉帆蹈危履險未嘗少拂遠欲也然而究竟不敢從蓋套交卸之議者祇緣蓋套窄浅環路皆礁秋冬運艘過遠者稀泊套者少觀者但覺蓋套之為大未試以舟但云蓋套之易行殊不知春夏之閒順風聚泊或一日而百艘俱集又或颶風偶發則一刻而互磕多船集則不能容磕則必至碎而又從北信至蓋套三

百里俱暗石水中嵯岈崒嵂定須一日順風方可收口稍有阻尼而三百里之内路路皆傷船之處矣且又淮船重大入水甚深未入套口先遭礁碍然而不用淮船則餘船所載不多無裨于運也故本道立法以淮船盡載萊糧議于北信口交卸以小船盡載登糧議于蓋州套交卸一則謂淮船到萊近而上糧速而由萊至北信口可抵登州至蓋套之程一則謂北信口到蓋套稍近而此口甚大可容淮船且於此口短囤數日而隨用登州卸空之船由蓋套撥至北信口剥萊糧以入蓋倉似屬調劑得宜而無奈遠人之必欲轉入於旅順由旅順而剥至蓋套也本道不得已而從之初非本道之原議耳今如必欲并令萊糧

亦入蓋套勢必將淮船盡行解散而另造小船以載之然後可耳竊恐造船又須時日而船小載糧不多尚接運不前遠能不咎萊人之誤事則本道亦唯所命之而已矣緣係酌議改運事理本道未敢擅便擬合呈請為此今將前項緣由理合具呈伏乞

照詳施行

一呈督餉部院

萬歷四十七年十一月二十一日

四十三

山東等處提刑按察司整飭登州海防總理海運兼管登萊兵巡屯田道副使陶　為改運本色以濟急需事准山東承宣布政使司照會抄蒙

欽差巡撫山東等處地方督理營田提督軍務都察院右副都御史王　案驗准
欽差專督遼餉户部右侍郎兼都察院右僉都御史李　咨贊理遼餉四川清吏司主事田案呈奉
本部送准
督餉部院李　咨稱經畧出關大兵四集合無將山東濟青登萊南直淮揚北直薊永河間等處各近海州縣趁此秋收將舊額加派及一應解京邊錢糧盡改本色或北岸或南岸分發海運實爲兩利之策等因到部送司查得遼東本色米豆一年約用百萬今年山東海運二十萬薊永十五萬天津舊截五萬新截十萬及動支常平倉銀穀三分之二可算二十餘

萬所少三十萬之數該鎮各道亦當自為廣備今
督餉部院惟恐本色將來不繼欲令沿海州縣將一
應錢糧盡改本色查近海州縣分屬三省其一應解
京之額内有可改者亦有不可改者合付四川福建
兩司查明有不可改者仍舊解京有可改者與同加
派一項俱納本色庶為兩便等因呈堂奉批會同查
明速報奉此遵即移付會查去後今准四川司回稱
查得淮安府屬京邊舊額每年有麥折草折絹折米
折鹽鈔等項銀一萬八千五百七十一兩四分揚州
府屬京邊舊額每年有絹折草折米折鹽鈔富户等
銀一萬八千六百七十六兩一錢一分此歲解之毫
不可缺者故自東事以來餉分新舊正恐款項混清

或以新餉妨舊額耳今若以解京舊額改徵新餉本色則舊餉作何抵數況淮揚地方十歲九災即漕糧每議改折京邊每有拖欠而欲令二府盡徵本色似不可强而辦也惟有淮揚二府加派銀總計五萬七千三百五十七兩零似可改徵本色其餘舊額錢糧正宜仍舊解京庶於遼有濟而舊餉不虧民亦易辦或便易可行之策乎且計今年濟遼本色米七十萬石再得三十萬石可足百萬石耳今淮揚二府加派銀五萬七千三百五十七兩餘外福建司永河二府又薊州等縣加派銀約四萬兩餘山東司濟青登萊四府加派銀約十三四萬餘共約二十二萬兩餘責令以加派之銀改徵本色則充此三十萬未足之米

易易矣又准福建司回稱查得永平府屬一應額徵税糧馬草錢糧向係題定每年徑解永平鎮交納其解京者止旅順兵餉原係轉發遼東額數難以改動薊州河間每年額徵税糧等銀皆係京邊正額自東事以来即蒙堂諭凡外解錢糧於劄付内分註新舊以便另收仍通行省直於起解批中之内各明註新餉舊餉彼此混淆那移銷算不便耳今若以京邊原額改徵新餉本色則此中京運額需又將何補似應照舊解京以充九邊供應其加派銀河間府四十六年分銀二萬九千五兩二錢業已解部止永平府四十六年銀六千四百一十八兩八錢一分零及薊州四十六年加派銀俱未解到但為數不多即改辦本

色亦恐無幾或將北直各府四十六年分見催未完加派共銀三萬七千四十九兩九錢零令其徑解督餉衙門聽候分發近海州縣買糴本色是亦一議也各等因到司爲照東省登萊原動加派每年糴買米豆二十萬石米價不足議以別府繼之以供海運無容再議矣四川福建兩司俱稱舊額難以改納惟加派一項可以動支辦納本色等因備咨到部送職呈乞施行案呈到部擬合就行爲此合咨前去煩將青登萊濟四府加派銀十四萬餘俱收納本色希弗遲錯等因准此擬合就行爲此案仰本司即移文分守濟南萊州及總理海運登州道轉行青萊登濟四府將加派銀通行查算除登萊兩府盡納本色外其青

三十五

濟沿海九州縣有無總合十四萬之數改納本色可
否通行從長酌議以便咨覆施行等因蒙此擬合就
行為此合行移照前去煩為轉行登萊青三府將加
派銀通行查算除登萊二府盡納本色其青濟沿海
州縣有無總合十四萬之數改納本色可否通行從
長酌議前來以憑通詳施行請勿遲滯准此隨案行
濟青登萊四府會同將加派銀通行查算除登萊二
府盡納本色其濟青沿海州縣有無總合十四萬之
數改納本色可否通行從長酌議前來以憑回覆通
詳去後今據登州府呈稱蒙此隨關濟青萊三府會
議間又蒙本道案驗准分守海右道右參政陳手本
准本司咨抄蒙

督撫軍門王　案驗准
督餉部院李　咨同前事仰府即查該府所屬州縣應運本色加派銀兩某州縣該納本色若干總該若干作速查明開具的數給付去後齎投本道以憑立等類轉施行蒙此依蒙查得本府所屬蓬萊等八州縣原額加派共銀一萬九千七百六十九兩二錢三分零內除批差蓬萊縣主簿湯樹績黃縣主簿魏朝臣二次解過銀一萬六千兩尚該銀三千七百六十九兩二錢三分零及查今歲本府七屬共運過米豆十一萬餘石共用過糧價水脚等項銀計五萬餘兩內除本年額派遠鎮銀一萬七千四十五兩五錢四分加派解剩銀三千七百六十九兩二錢二分零外

長支銀三萬餘兩當在應請抵補及查
部文青登萊濟四府加派銀十四萬兩俱收納本色
細閱部文是專言加派也今查本府屬八州縣加派
銀一萬九千七百六十九兩二錢三分零萊州府屬
七州縣加派銀三萬一千六百一十四兩三錢零青
州府屬四縣加派銀一萬三千七百八十七兩二錢
零濟南府屬九州縣加派銀一萬二千八百八十六
兩七錢五分零只得六萬八千五十七兩四錢八分
零安能如
部議之數再閱
部文除登萊二府盡納本色其青濟沿海九州縣有
無合十四萬之數是又不專言加派也若統計四府

新舊遼餉而言則本府八屬舊餉有一萬七千四十五兩五錢四分萊州府七屬舊餉有二萬四千五百五兩四錢青州府四屬舊餉有一萬一百五十七兩一錢八分濟南府九屬舊餉有一萬七千六百七十三兩五錢八分零合前加派共得十三萬七千四百三十九兩零以此再合於淮揚永河之加派者庶幾可得二十三萬四千有奇之銀庶幾可足三十萬石之糧也再查

部文東省登萊原動加派每年糴買米豆二十萬石米價不足議以別府繼之以供海運今查登萊二府加派銀共四萬一千三百八十三兩五錢三分零額派銀共四萬一千五百五十兩五錢八分零二項只

得銀八萬二千九百三十四兩一錢零除本府解過一萬六千兩萊州府解過一萬一千兩其餘存剩銀五萬五千九百三十四兩一錢已共運過米二十萬餘石計用過銀一十一萬兩有奇除存剩銀外已借過今歲應起解銀五萬六千餘兩矣此五萬六千餘兩之銀合應請動不行海運府屬加派之銀補給且今奉文買積米豆及收納本色以待明春轉運所須此項銀兩甚急若不速為請補則本年之銀俱已用盡何以糴買何以收納本色明年恐無運矣再照本府春初米豆較賤尚可勉完自入夏以來亢旱為災市價騰湧今蓬萊縣米以六錢報豆以三錢報矣其他州縣雖未申報諒亦不甚懸絶然恐將來尤不止

此約而言之糧價水脚米當不下八錢餘豆當不下五錢餘也即盤四府兩直之加派且不能如二十二萬之額又安能於銀少糧貴之時得足三十萬石之數乎合無除登萊二府遵照

部文新舊並起運銀兩盡納本色外如青州府沿海之四縣濟南府沿海之九州縣通令盡納本色其青州府已報亦近海之十州縣濟南府再查附近之州縣新舊遼餉亦行改納本色再合之淮揚永河等府加派銀兩或可於海運有濟也等因具詳前來據此又據萊州府呈稱查得本府所屬按平等七州縣共加派銀二萬一千六百一十四兩三錢四釐五毫四絲四忽内除批差即墨縣縣丞劉珽昌邑縣主簿周

玉振二次解過銀一萬一千兩尚該銀一萬六百一十四兩三錢四釐五毫四絲四忽並額編遼鎮銀二萬四千五百五兩四分零明加脚價銀三百四十三兩七分零俱徵本色仍遵照

部院並本道明文通行所屬將起運存留錢糧聽從民便改納米豆及請借

布政司庫銀三千兩登州府庫銀一千兩湥作脚價等費支用本府米豆已運過遼收卸者一十一萬有奇其借動銀兩通行運糧州縣細查長支之數另行

請補今蒙

憲檄内云登萊二府加派銀兩盡納本色及青濟沿海十三州縣有無總合十四萬之數及查本府所屬

加派銀二萬一千六百一十四兩三錢零登州府屬
加派銀一萬九千七百六十九兩二錢三分零青州
府屬四縣共加派銀一萬三千七百八十七兩二錢
零濟南府沿海濱州等九州縣加派銀一萬二千八
百八十六兩七錢五分零總計六萬八千五十七兩
四錢八分零其十四萬之數或濟南府通屬加派銀
兩在其中也況登萊二府共加派銀四萬一千三百
八十三兩五錢三分零及二府額派銀四萬一千五
百五十兩五錢八分三釐二共不過八萬二千九百
三十四兩一錢一分三釐除萊屬解過銀一萬一千
兩登屬解過銀一萬六千兩僅存五萬五千九百三
十四兩一錢一分三釐今年徵運米豆二十餘萬石

每石裒多益寡約用五錢五分合用銀一十一萬餘兩除僅存銀外尚借用解京錢糧五萬六千餘兩除坐扣二府四十八年加派銀兩抵補外尚少一萬四千餘兩所謂十四萬兩之内又除去前項借用銀五萬六千兩止存八萬四千兩現今四府米豆之價貴賤不等米自五錢至七錢豆自三錢至四錢之外難於預定而船脚等項之費不與焉即盡四府之加派及淮揚永河等銀止存一十七萬一千餘兩安能足三十萬石之數乎欲足三十萬石之數合無將兖東加派銀内約動五萬六千餘兩以補登萊今年多運之數則部議二十二萬餘兩不缺而三十萬石之糧亦不患於不足矣等因各呈詳到道據此該本道覆

查得加派一項在登州府所屬八州縣共加派銀一萬九千七百六十九兩二錢三分零在萊州府所屬七州縣共加派銀二萬一千六百一十四兩三錢零二府通共加派銀四萬一千三百八十三兩五錢零青州府近海運糧壽光等四縣共加派銀一萬三千七百八十七兩二錢零濟南府近海運糧濱州等九州縣共加派銀一萬二千八百八十六兩七錢五分零合四府通算加派銀僅六萬八千五十七兩四錢有奇耳安能足

部議十四萬之數也或合四府新舊遼銀而言之耶及查登州府八屬舊額遼鎮銀一萬七千四十五兩五錢四分萊州府七屬舊額遼鎮銀二萬四千五百

五兩四錢青州府壽光等四縣舊額遠鎮銀一萬一百五十七兩一錢八分濟南府濱州等九州縣舊額遠鎮銀一萬七千六百七十三兩五錢八分零此四府舊額共銀六萬九千三百八十一兩七錢零連前加派新舊總計銀纔一十三萬七千四百三十九兩有零然登萊兩府新加并舊額遠鎮銀共止八萬二千九百三十四兩一錢零耳内除登州府先已解過銀一萬六千兩萊州府先已解過銀一萬一千兩共解過銀二萬七千兩外止存剩銀五萬五千九百三十四兩一錢丙兩府今年已運過米豆二十餘萬石計用過銀一十一萬兩有奇除存剩銀兩用盡外尚借用今歲各項京邊起解銀五萬六千餘兩似應於

不行海運之府屬加派銀內請補若不預為區處則登萊今歲之銀已用盡矣來年加派已透支矣無米之炊巧婦所難且自春徂夏由秋及冬四時赤旱百穀無收則來春轉運將何以應若局於四府近海州縣恐年時物力不足以敷部議之數也合無俯從府議除登萊二郡遵部文新舊逮銀及起運錢糧盡納本色外若青屬之近海壽光樂安諸城日照四縣濟屬之近海濱州蒲臺利津海豐霑化武定齊東青城濟陽九州縣盡令輸納本色其青州府所報不近海之十州縣濟南府再查數州縣無拘新舊逮銀再令解銀於近海州縣收買本色更合之淮揚永河等府之加派銀兩則部議海運之額糧庶可勉敷前數耳

緣係酌議事理惟復别有
鑒裁擬合牒請移會為此合牒
貴道司煩為查照轉達施行
一牒 布政司
一手本分守海右道
萬歷四十七年十一月二十五日
四十四
吏部文選司署郎中事等官陸 等一本為遼東立
待添官銓政不堪積滯恭懇
欽定署印以便修舉事經畧熊 有時煩苦獨力難
辦請乞添設官員以襄軍務一疏内言管糧通判左
之似一員原有倉庫職掌今兵馬漸集歲費糧豆百

數十萬石草千數百萬束置買車萬數千輛牛數萬隻非一人能辨擬添府佐二員一司軍米一司馬草會同薊遼總督文 遼東巡撫周 巡按陳 上請此關係軍兵重務即當具題而部印塵封誰爲舉行他如管理海運登萊道副使陶朗先必總轄沿海州縣庶便責成該山東巡撫王 巡按陳 會疏久當議覆南京户兵二部尚書俱缺新陞兩部侍郎饒景輝陳所學候代未任則四川山西巡撫久當會推而日行推陞停閣業經三月轉盼十二月選期將何缺待之至大同新撫胡當早俞甘肅舊撫杜當予告俱應補牘亦邊事之喫緊者矣

皇上計安天下則當軫念用人
皇上軫念用人則當計及用人之人署印何可須臾
緩也臣等職司銓政既恥曠官目擊時艱又虞廢事
用敢合詞恭詣文華門叩請伏乞
聖明立刻
欽定署掌實封疆之慶也豈惟銓政賴之

四十五

戸部一本為懇乞
亟發督餉條陳事宜等事山東司案呈到部竊照天
下之患莫大乎時迫而持之以疑事急而出之以緩
夫疑則置之不肯為緩則誤之不可救皆患之大也
今之遼左增兵轉餉非至迫切之秋乎而一切條陳

皇上留中不發非多疑多緩之念乎臣甚憂之非獨憂誤事也誤事多而遠不可救遠不可救而京師隨之也臣請言其已誤者經畧熊　才足臨危而制變智能料敵而設奇若於推轂之初而即任之則開原可無失也此以緩誤也若夫督餉李　才練而識超計周而慮遠其先後二疏臣部參之往例酌之時宜俱屬可行俱不宜緩業已據揭隨覆

皇上久不檢發今海運之餘露集金盡而車牛之少未達遼陽經臣有枵腹之虞督餉切噬臍之懼是何等切迫也

皇上猶未檢發得無以其所陳者有可疑而可緩者乎臣請詳剖之如所陳二策四說一議由登萊達旅

順由芝蔴灣達三岔河是定畫也何可疑也一議海運速而險陸運穩而遲是確見也何可疑也至議應募船户恐多奸僞各帶腰牌是預防也海運大開恐亡命乘間設兵防守是長慮也又謂大洋颶風與漕渠迥異況無合幇輕齎而漂失當寬也以廣召募也又謂士民自運輸遼准作事例而加銜授職以示鼓舞也四説俱無庸疑也乃其先疏所陳十餘款抑豈可疑乎如截船於淮并造船於淮以達登萊直抵金蓋至便矣如由登達遼設立四總一面催趲一面防守至周矣如海運於春夏陸運於冬寒或運騾車或用牛車皆隨便之意也如米豆外草束為急或近關而買或出關而買皆節省之意也如自告山十三山

廣寧高平四處已置牛車四百輛牛八百隻寧前海
蓋各添牛車官車官運又皆寬民之法也如允商民
糴販於登萊海蓋二道告給文引聽其糴糶亦所以
廣其運也如贊畫贊理以及有司文武以轉運多寡
為殿最咨吏兵優叙皆所以鼓其趨也如旅順置一
總兵以防守金蓋用一府佐以收納以圖速其運也
如旅順設立各總稽察宿弊催趲回文及率兵護送
皆不可少之官也如分别功罪以示懲勸則海防道
陶朗先去歲料理蓋州套節省脚費巨萬至今賴之
加銜久任是不可缺之典也如欲遼東薊永天津淮
揚各道俱加管餉之職及所屬州縣選賢能銓補則
銓部撫按之所當行者也如所云古之用兵欲用衆

則求速決稍持久則務屯田未有興師十萬轉餉千
里疲勞中國而能無他變者則計兵計餉之所當虞
者也如各省直加派地畝及搜括抽扣等項先解完
者優敘遲誤者查叅所當亟行者也如恐事權不一
互相推諉議自鎮道以及有司文武實心共事者賞
同功虛文塞責者罰同罪所當并行者也如關外收
成之處以外運之脚價加值以餘酌委文職府佐躬
親料理使民樂趨亦內外協助之策也以上諸款皆
參舊酌今鑿鑿碩畫總以濟遠為急專期議在必行
至於鼓鑄一件業已舉行而屯田一議亦持久善後
必不可廢之策也伏乞
皇上亟賜檢發勿使任事之臣徒為眼前議事之臣

空爲心嘔則遠事雖誤猶可急救若再爲疑緩恐一旦決裂不可爲矣

海運摘鈔卷四

海運摘鈔卷五

四十六

户部尚書李　等一本為監收海運事山東清吏司案呈奉本部送户科抄出巡撫遼東都御史周題前事等因又該薊遼總督文　山東巡撫陳題同前事俱奉

聖旨户部知道欽此欽遵抄出到部送司案呈到部看得海運一議起自昨夏成於今春正以脚價等費較陸運省十之五六故決計行之匪直佐軍興亦以抒

國困也廼葢州套交卸之説山東海防道陶副使曾創言之已而部

題覆咨卸于金蓋二處據該道稱海上之風波不測到蓋之船隻頗遲隨地支收不過為當日權宜計而彼中之便不便尚未及詳今據撫臣會題轉運遼陽從蓋套連雲島者近而易從旅順三犋牛者遠而難如仍膠柱鼓瑟既航海又梯山欲省費而反冗費矣則運糧之交卸宜在蓋套不宜在旅順等處也甚明況省其力于旅順三犋牛以金州之全力併歸蓋州於此增數千人飛輓之蓋于彼減數百里跋涉之勞事半功倍便遼固以便金蓋也又況由登萊達蓋套自礁石外別無他險如立木豎旗使之望而知避何有覆舟之虞且舟人出入海濤乃其長技所利在多得錢耳量增工價若干必樂赴爭先矣

便遠亦以便登萊也至押運委官不畏艱險矢心奉
公特加犒賞以酬之其誰不勸而從此運道之定於
蓋套無煩再計矣蓋撫臣與經臣身繫疆場重望慮
周兵食遠圖一切盱衡餉事無不聚族而謀持籌而
畫夫是亟海運以濟陸運之所難因酌陸運以調海
運之所適其得之道臣之閱歷者既至真而參之獨
見之剳裁者又至確洵今日救遼第一良策第前此
奉有
明旨若非
天語重申示以畫一恐奉行者不無異同要之擇便
而行期符初議非謂暮四朝三也既經該司案呈前
來相應

題覆恭候
命下容臣部移咨總督經畧督餉等衙門及遼東巡撫責令海防海蓋兩道將天津登萊海運糧船聽其量加脚價盡至蓋套交收一體遵行無異至遼氣未靖運務方殷海防海蓋兩道始而首倡是議今而均任厥勞前庸後效均之可紀即膺不次之擢以示旌賢豈曰破格但俟其成功另為顯錄不具論外其餘運官或奬或陞或犒賞臣部歲終一併查議特行以彰
朝廷優恤德意庶激勸在
上鼓勵在下灌輸者源源若水儲積者纍纍如墉而

海運有裨遠疆有賴矣

四十七

欽差專督遼餉戶部右侍郎兼都察院右僉都御史李一本為嚴催造雇淮舟以便海運事照得海運一節全仗淮船臣自撫東以至今日

請專官造屢

疏言之不啻詳矣而從未一奉

明旨以致人心怠玩稽延至今年九月內始覆一縣丞徐弘謙督造職添差經歷程惟守與之同往十月三十日始解到造車銀五萬兩職不得已又借二萬以發淮司茲所報惟梁聘材雇得沙船七十隻耳職屢次行文預借淮庫銀兩先行打造而尚未有報完

公文到職轉盼春臨必誤海運經臣責米豆至二百萬而可無舟以應之耶盖緣臣屢疏不能奉旨臣部又未差有專官今事勢迫猝以立考成之法定限明春前至津門以便運發如過限不至有誤運事將臣先行罷斥并淮徐淮揚各經管道府諸臣一併住俸督催庶為有濟若地方稱雇造為難則國家舉大事不惜小費不過多借淮庫併府州縣一切起存錢糧及臣近疏所開疏理鹽法道臣贏餘銀兩以為發用除聽臣部議處補還若官銀許動而又為推諉則臣之罪固無以自逭而諸臣之罪臣亦不能為逭也再照

國家漕運止四百萬石經管文武官員計數百員
國初海運止七十萬石文武備官今海運二百萬石
半於漕而倍於
國初矣止臣一身任之其差委司官本部又苦無人
則應咨吏部於山東司添註司官二員聽臣差遣或
添設才力道臣以為催督而科臣宫應震所
請督餉御史與臣共事同催尤為喫緊併乞
皇上
速賜
批發臣部即刻覆議并行總督衙門與臣一體催督
施行臣不言之臣之罪諸臣不行之諸臣之罪而
皇上不

允臣部不覆則臣不敢任罪矣

四十八

欽差專督遼餉戶部右侍郎兼都察院右僉都御史李一本為經臣計兵已定愚臣計餉難緩懇乞

聖明

特賜

裁允以重封疆事照得兵食相須計兵必先計餉該

臣日在永平從督臣處接經臣

疏揭為敬陳戰守大畧以候

聖裁事內稱遼左用兵歲計餉該銀三百二十四兩

糧一百八萬石豆九十九萬餘石草料二千一百六

十萬束皆一毫裁削不得者夫遼不可棄兵不可減

餉不可缺即多亦不敢言難即難亦無所容諉矣該
臣前者計米豆之數通以百萬今至二百萬則米從
何得如此之多也遮洋一總臣蒞任初
疏首及此議而未蒙覆
允近接總漕大臣書以為可行茲責米如此之多非
多截南糧于淮不可矣臣原計天津見截漕糧二十
萬石登萊派米豆共三十萬石山海見有米十五萬
石薊州召買米豆五萬石天津召買米豆六萬石尚
少米三十萬石應議截首幫漕糧三十萬于淮安行
令總漕衙門查覆遮洋舊總從淮安運發遼東惟有
成山嘴之險近登州道臣陶朗先屢募慣海水手在
此接應可保無虞者先准總漕咨查東征舊案浙江

五

巡撫衙門雇助船數十隻江南巡撫衙門雇助船數十隻今應一併於二撫臣處行取雇發以助淮船之不及也除所截漕糧外則山東一省應得六府新舊餉銀盡行留用以為糴本薊密津永等處本部發銀買之此議米之大約也至於豆則仍照今年所派召買之數永平召買十萬石薊州召買五萬石密雲增召買三萬石天津增召買十萬石真保近河地方共買十萬石山東召買豆再增三十萬石共前數為六十萬石若豆不足則兼買蜀米其價即留各州縣新餉不足者本部議發內山東派數較多蓋緣海道最近日同督臣與薊永郎中李乃蘭宋繼登及永平道袁應泰監軍道高出寧前道王化貞往復計之皆以

山東運道為便應以各處所省脚費加值以糴于山東似亦無難登州道臣極力擔當招徠有法而諸臣又多東省人也知之頗真僉言民運召商于遠左增值收買無不競從而增買值即于省運費中處之諸臣亦願同心協任其事此議豆之大約也若草束難運惟有採打秋青及本地召買二策而已以上所派并送户科載入考成施行臣又總計銀三百五十五兩牛贏車價一百三十六萬餘兩米豆二百餘萬石糴本在内運費倍之大約八百餘萬兩兵當國家兩歲之入值此釜鬵計畫無從萬不得已惟有地畝量議再行加派一策可行除兵馬糧草經運煩苦之地及各省賦重或經災傷者另為酌議若有司

得人每畝毫釐民亦不覺其苦上歲有司亦有賢者自為設處若其不肖則加派之外又有火耗派數不清重複混累有司因緣為累是在撫按司道明為出示嚴為查𠫵重懲其一以警百也至於廣開事例條議臚悉如

國典一節閣臣已有專議又如春殿中書光禄署官鴻臚序班人所樂納者咨行吏部量許添註增員而中書歷年加銜并許入貲則所入者尤多又如山東四十三年納粟生員應者頗多若汰之不必過嚴議空有志者聽考無志者准衣巾終身則人尤願赴其所納舟車及糧豆草束者准于登萊天津淮揚永平遼東各處上納量減銀二十兩納遼東者減三十兩

以廣仕途者也又如閩臣稅契之議優免除生員外縉紳徵解一年之議二款尤當亟行蓋稅契多在有田之家捐助尤臣子報公之義茲可不為庶民倡耶又如科臣動倉穀一半之議此見貯在倉文至即可動也鑄錢之議甯前道臣力主可行惟工匠銀兩當速發也又如各府州縣點大小派助之議行之已久尚未報者無論居恒無事叨祿地方往來交際豈可無節省之費即如地方荒歉有司留心地方者亦皆多方設處併以救饑民今以朝廷大事豈無一人應者蓋一處救荒官司行之專而今以天下之大行之緩也凡此皆諸臣所已言者有臣部

已覆者但言者尚未盡行行者又未盡實合聽臣部
將前後應行條欵刊成書册頒行送入户科一併勒
限考成求其必舉庶為實濟今
天下之勢岌岌矣臣每書一字心骨若割而事勢至
此無可奈何糧一不足遠左脱巾奴酋乘之大事去
矣是在大小臣工念之以臣為得已乎不得已乎倘
得臣協力調停共完公事臣即碎骨以謝
天下生靈臣所願也若如近者屢催造船于淮不為
報完遠餉陸運在關海運在岸未見接運而應增車
牛各道並無一字反視臣為附疣之官一旦倉卒始
言令臣何以為神運之策倘有不繼則臣惟束身先
歸

命于廷以待斧鑕而諸臣誤臣之罪小誤
國之罪大臣寍與諸臣代任其罪也抑臣又有
請焉遠左之餉不繼而致脱巾臣部之罪也然至於
脱巾即虀粉臣部諸臣而禍則
國家當之矣是臣部之罪也而非獨臣一部之憂也
如舊例職掌分在各部者亦當分力均任兵食二字
尤宜計議相須同心區畫職歴任外藩見兵部缺官
柴馬解官以單項錢糧每每辭萬肯解此項催之一
省可得萬金而工部弓箭軍器二項臣在江西見所
造者尚三十九四十年之弓箭也臣在東省見所造
者尚四十三四年之軍器也已解者未見銷批見年
原未成造曷若將已前者順解將見年者改折亦何

損於成數乎得此二項濟之則所謂舟車之協濟無
難也臣本不宜越俎而談及此但見餉務日益各部
協助無銀不得不并為一言耳此皆違左緊急軍需
時刻難緩
皇上
立賜下部覆議
上請勅入考成仍乞
天語叮嚀各省直督撫司直諸臣一體遵奉以救焚
拯溺之心行之庶有少濟也
四十九
戶部尚書李　一本為懇乞
明旨速

允督餉條陳濟急之策以便責成以救遼危事山東司案呈照得專督遼餉户部右侍郎李　題為舟車造辦無資來春運務甚迫謹瀝陳濟急之策懇乞
聖明速發
明旨以便責成事内稱督餉運務九款未奉
俞旨恐款中有不便經行者相應具疏
題催案呈到部該臣看得遼事孔亟拮据艱難内外諸臣凡有身任其責者靡不嘔心瀝血竭蹶從事或料時勢之急迫或度地方之便宜既慮餉之不充又慮運之難至既防海之不測又苦陸之飛輓諸如此類未易殫述總之日夜躊躇經幾多思維幾多愁慮迺敢置列條款急疏以

請惟
聖明電覽立賜
允發則朝奉令而夕行之諸事乃克有濟也洒旬日
以來未奉
明旨試思所列九欵何者非救時之急策乎如一曰
造淮船催沙船及造船原計銀兩自應速發則有工
部蕪湖之
皇木與額稅已經奉
旨題留倘若不敷則在工部各關量留處補且解于
淮上造船其計甚便其二曰如由天津至永平由永
平起陸出關至芝蘇灣入海其道穩便且一歲可七
八運則芝蔴灣之船宜多造與價宜多發其轉運之

計誠善也其三曰如海盖道受各處之運該用牛三千隻應該道自備一千隻比照東征之舊案除永薊密昌四道所屬免派直隸七府均派二千隻解至關上聽該道差官接領及沿途草料亦照兵部買馬例行則牛車之計甚善也但近遼東新餉司郎中單崇呈稱經畧牌内開目今分守道權造車五千輛并牛八千六百八十隻該銀三萬三百八十兩海盖道權造車五千二百五十輛并牛九千一百隻該銀三萬一千八百五十兩各令置買分發截運或再派七府湊辦從督餉酌行可也其四曰山東一省海道最近視之各處海道速者脚價既省雖今歲遭旱應照各處所省脚價加值收買其濟南一府州縣近海者准

將漕糧暫行改折一年即以其銀買米登萊可供遠運蓋折在山東尤近耳若道臣陶朗先應變通才匡時經畧既經撫按會疏加銜總轄濟青二府屬望既殷更宜速賜

允行其區處誠為得策其五曰遮洋一總

祖制當復今歲既截漕正耗米一萬四百八十七石有零于淮明歲又于頭幇再截八萬九千餘石共為十餘萬之數此亦顧盼

京儲苦心斟酌之意但遠餉約費百萬合無頭幇共截二十萬之數行總漕衙門以遮洋之船督發海運赴遼又以今歲截留津德數多恐天津一處難以獨任其運勢不得不分行于淮揚山東而以德州見貯

為備支運其酌議誠為得算其六曰鑄錢之法已經通行若干遠東鼓鑄每銀一萬兩可餘四千五百餘兩則應發資本二萬兩添府佐一員管理于下即聽鹽前道王化貞專任于上必有成效此誠可以少助目前之需者也其七曰科臣宫應震條議遠餉一節應設按臣二員與餉臣同為督催如倉之有總倉倉院如漕之有總漕漕院蓋同心共濟互相責成尤事權之所當重者也其八曰開納事例已經臣部備細詳議刊成書册當行天津山東淮揚鹽前海蓋等道有願出舟幾隻車幾十輛者照依舟車原價并資本脚費照開納事例准其納官監吏承等項其以糧豆自遠左者比照在京事例减其二十兩如文武官自

肯效用運務者應照前疏查據數目多寡分別薦獎加銜實授此鼓舞之術于遠事甚有濟也其九曰各處海防既開恐奸徒出没登萊海盖三岔河天津等處海防最急圖之不早異日將以海運為咎者此先事之慮于海防甚得計也又如兩運淮司疏理道臣袁世振各項俱已井井有條所積不無贏餘就近淮上儘可為雇造船隻之資是亦隨時設處之法也又如加派搜括之後各縣官中亦有善為措處不煩民間者亦有撙節各項以先解濟者大小臣工有能殫心竭力拯溺救焚借此以充遠餉則朝廷懸破格之賜以為憂時艱助軍

國者之勸是亦激勵臣工之法也凡此數欵皆種有
益鑿鑿可行目前切要事宜無有過於此者今日少
緩須臾明春必誤運典伏乞
皇上早一日之
批發則諸臣便一日之料理庶有備無患而遼左幸
甚國家幸甚
五十
欽差專理遼餉戶部右侍郎兼都察院右副都御史
李　一本為遼左事勢危急再申牛騾舟車之議懇
乞
速賜
明旨以嚴責成事近因遼左抵岸抵關之糧不能前

運經撫二臣疏咨切責該臣于永平會同督臣商定具有三疏一派騾車牛隻一催淮船一派本折錢糧已經具發即發牌出關會同督撫司道諸臣詳議再報隨接邸報仰奉明旨令臣出關臣敢不竭蹶犬馬以報皇上之簡任哉惟是海運抵岸陸運抵關自應遼左司道各任接運之責乃臣行催百十次司道各臣不行接運惟海蓋道具詳添車二百五十輛臣已久行又詳買牛三千隻臣兩疏不下萬不得已徑行天津司道委官自買此外各道並無一字申詳而倉卒責數如此之多是諸臣視臣贅疣也而軍

國之餉亦可因誤臣而遂誤者乎是諸臣之罪與臣同也臣今出關矣但舟車之事俱在關內淮船之造因無
明旨極其推諉牛騾派議方新非守催責成必致稽誤臣一出關誰為同心料理之人誠恐關內關外事至兩誤即殛臣之身百不足贖矣伏乞
皇上將臣前三疏立賜
勅下臣部覆議先借工部
大工四輪騾車差司官一員即刻催發仍委司官一員將
京城及近京地方車牛多方雇募先濟急需其餘一面照臣疏所派省直之數勒限解完一面催遼左各

道將見在車牛速為輸運其當急行者一淮船之造責成淮徐淮揚二道與臣同為考成並動疏理鹽法道節餘之銀以為工價當急行者二將芝蔴灣並關外鑄錢二事專責成寧前道臣天津造船專責成天津司道當急行者三至於經臣須餉二百萬非多截南糧以開遮洋總萬萬不能足數則宜以責成於總漕大臣並照東征舊案催江南浙直二撫臣雇船以為協助當急行者四山東海道最近派數獨多宜以濟南一府改折留米并多發糴本以濟登萊當急行者五淮安造船臣所委縣丞徐弘諫經歷程惟守州同徐應龍皆卑官也非督以本部司官又或一道臣督之必不能完事其當行者六以上六款即日嚴加

舉行則目前之運與來歲之餉可以不誤若雖舉行
而不嚴加考核是臣將關內關外之事不能分身而
兩失之也彼時罪臣亦何及乎再照該臣奉
明旨責臣以副委任臣受
皇上委任即犬馬亦知酬
恩但受事以來前後共九疏止二疏得
旨而一疏隨奉
嚴譴一疏覆之不下是通未得
旨也及至事急而責臣出關料理臣今又有三疏矣
若又不得
旨是臣雖欲料理以報
委任而臣不能以無

旨之虚文督責諸臣也如天津截漕造船之事各鎮召買之事海盖一道買牛之事及委賛理司官就近委官召商雇車自運等事可便宜行者臣未嘗不行之但造船開遮洋增派本折責買車牛千萬錢糧數多遠連省直如此創行大事而臣可以無旨行之乎此萬萬不能也至于兵食之任一也經臣每疏至則

明旨之下以求其必行臣疏屢上

明旨不下臣何所奉以責諸臣之必行而事至倉卒責之于臣若臣平日不言臣罪難逭臣言之而

明旨不為臣行之臣即死亦有詞也臣出關發疏關

内之事全望
明旨速下諸臣速行總之臣人微望輕原不宜冒膺
此任俟東巡議定惟束身歸
命以待斧鑕乞
皇上既不用臣言亦當早治臣之罪無姑留以誤疆
場之大事也

五十一

山東等處提刑按察司整飭登州海防總理海運兼
管登萊兵巡屯田道副使陶　為經臣計兵已定愚
臣計餉難緩懇乞
聖明
特賜

十五

裁允以重封疆事萬歷四十七年十二月十三日蒙
欽差巡撫山東等處地方督理營田提督軍務都察
院右副都御史王　憲牌前事昨閱邸報該督餉部
院李　題稱登萊派米豆三十萬又議山東召買豆
再增三十萬共前數為六十萬石蓋緣山東海道最
近日同督臣與郎中李　等往復計之皆以山東運
道為便應以各處所省脚費加值以糴於山東似亦
無難登州道臣極力擔當招徠有法而諸臣又東省
臣知之頗真僉言民運召商於遼左增值收買無不
競從等因照得山東海運初議十萬漸加至二十萬
近
題三十萬今反忽增至六十萬其所以加於山東者

可謂不遺餘力矣夫運數至六十萬談何容易米豆糴於何方船隻募於何處本省新餉業經題留一半贍兵海運錢糧取給於何項似應一一預計詎可漫承以誤軍興大事合行查議爲此仰道即照具

題事理悉心酌計沿海州縣可否糴買糧食六十萬石新餉不足有何錢糧可以支用海運船隻於何處雇募打造目今民運召商於遠左增值收買果否競從該道如何招徠果否能極力擔當倘能勉辦不妨戮力以佐公家之急如勢難措處力不從心速議通詳以便題請施行毋得遲誤未便彚此本月十五日

又彚

巡撫山東監察御史陳　憲牌前事行道即照具
題事理悉心酌計沿海州縣可否糴買糧食六十萬
石新餉不足有何錢糧可以支用海運船隻於何處
雇募打造目今民運召商於遼左增值收買果否競
從該道如何招徠果否能極力擔當倘能勉辦不妨
戮力以佐公家之急如勢難措處力不從心速議通
詳以便題請施行等因蒙此隨通行濟青登萊四府
查議去後濟青節催未到今據登萊兩府呈稱會看
得奴酋發難以來凡食土之毛者皆思殄滅之而後
快果可效力於遼左何敢自愛乎髮膚而況糧餉關
軍前之急用乎今議歲運六十萬石則登萊之應運
者敢不多收本色以佐公家之急但今年運過二十

餘萬及已徵收未運者無現在錢糧悉借用京邊存留等項而京邊存留之起解支領又皆不可缺者移東補西捉襟露肘現今各營兵糧歷過者無銀可給邊軍行糧無銀可解雖曰借用之數候不運本色州縣解補何異望水於西江哉此無銀之難也今歲登萊二府所運米豆二十餘萬石除封雇淮船外搜括青濟之船殆盡矣明年米豆加二倍船亦加二倍青濟並運則二府之船必不能為登萊用淮安之船雖多淮安之運雖少能必其不秦越視而爾我分哉此無船之難也本道海運條約所以體恤乎民隱者無所不至誠不虧民亦不累民矣而民間之搬運上納轉運上船櫛風沐雨不分晝夜肩摩轂擊婦子靡寧

已不勝其勞瘁矣而每畝之加派新餉又與不運本色之州縣同科固宜其趦趄不前而無負戴子來之意此人情之難也有此三難則六十萬之運談何容易誠能請蠲運本色州縣之加派以鼓人心使之戴德而忘勞則粟米之徵易矣本省近海州縣造船百隻又

題請淮安解船助運不拘大小多寡務要一運可裝二十萬石勒限前來發各州縣給以水脚俾運至蓋套倘不如數不如限而誤運責在彼中倘如數如限而誤運責在東省則推諉之患無矣又預發兖東等處不運本色州縣之新舊遼餉以抵登萊之起運存留將登萊四十八年之起運存留盡徵本色則那借

之艱免矣然必合全省而六十萬六府各居其十而登萊仍運二十萬則職等不敢辭不然不善於點鐵成金不能為木牛流馬又安能强怨咨之民使之忘勞而樂趨哉即二十萬石且不可必何敢漫許六十萬石於今日以貫誤事之罪於後日招商一節登萊加惠無方勞來備至而招之經年無有應者他可知也緣由會呈到道據此該本道看得舉天下之事當觀天下之大勢用一方之民財當量一方之民力自奴賊發難以來調兵轉餉何者不首括於山東山東之所以應之者以兵則先發以餉則借解以抽扣工食則竭澤極於胥徒以加派地畝則誅求盡夫斥鹵而海運一節又於此數項之中偏受其累者也然而

向來不敢告哀民間不敢駭走者一則因始之取數尚少或可竭力以供一則地方官謂運之時日無多猶可强民以從耳非山東地方充然有餘可為不匱之府亦非山東之民懽然樂從取之不竭之源也今一年未已又復一年十萬未已又加而為二十萬二十萬未已又加而為三十萬三十萬未已又加而為六十萬將無謂同此錢糧也改折色為本色似無病民殊不知民間之輸納官銀非必盡係糶賣得來也有傭力而受惠者有商販而手實者有瓜菜果蔬而貿易者皆可以完官銀也即本地徵其本色矣亦非必粒粒皆米豆也有蜀秫焉有黍稻焉有麥菽焉皆可以抵官銀也而遼左惟用米豆矣查山東米豆種

者什不得一出產之地既窄而一帶沿海州縣今年處處告荒非被災十分即被災九分

按院勘災之疏見在

御前可覆而按也則取數之途亦窮故以之而徵收則民間先乏此物收於何有以之而糴買則地土先無所出賣者何人是即船隻既備艤舟待運尚恐無雨粟量沙之術也而今之船隻何如哉欲雇之淮上而淮以本境亦在海運爲辭欲造之淮上非經年不能告竣非半載不能到登萊則四十八年之遠餉且屬之無何有之鄉矣此猶以有銀可造有價可雇而言也而今造之雇之之費安在哉擬動工部銀而工部曰應户部出也擬動户部銀而户部又曰應兵部

出也欲動新餉銀則曰此糴糧之物也欲動舊餉銀則曰此解遼之物也甚至新兵乏餉脫巾可虞則議留其半以食之而糴買之本亦乏矣甚至因年荒徵解不前尚有借舊兵兵餉以收糴舊兵又復嗷嗷而那借之法亦窮矣夫兵糧借則兵以枵腹而生心民力竭則民將以救死而反側山東目下之勢業已岌岌殆哉而又加以六十萬之運恐併其三十萬者而不能保耳夫遼有逆酋之禍每事必督責於山東山東岌岌多事又將向何人而取給耶此揆之事勢度之民情萬萬不能供億者故登萊兩府之議欲合全省而六十萬每府各居其十夫東兖之不能入海及濟青不近海之州縣不能强而運則猶然僅可二十

萬之說耳而所稱三難則該府兩年之內與本道終始運事歷涉諸艱尤真知灼見而為此言者非徒為萬姓請命為一身圖安逸而已也至於召買招商一節本道曾於

餉臺撫東時力言其難行於

餉臺赴任天津時又力陳其不可行而又曾於户部吳員外主考山東時遇於途而痛言其不當行且不能行之故今稟揭見在

餉臺篋中吳員外見在都門可問也未嘗力為擔當所擔當者惟舊遼撫謂海運不能濟用而本道以為必能濟用遼人謂盖州套不能到而本道以為必到耳而又有一項擔當者漕糧截由海運談者皆畏成

山之險至引元人開膠萊河避成山為證而本道謂淮船過成山迤東請設嚮導以為接引無風則由此而直抵蓋州如憲風濤損害請於膠州設倉五百間令漕糧徑卸於此而以車驢由膠州陸運一百九十里到昌邑之淮河口搬入海船直達蓋套而淮船三日之內可往返淮膠一遍往而復返一船可抵數船之用而以淮上用而不盡之船撥給山東以供海運是淮船無傷糧之患東人得淮船之用最為一舉兩利之術而當事者可不必專東人而責之糧此則近日曾以之告贊理遼餉田主事者也若宋李高王諸臣俱係東人必知東事其言招商之易本色之多或另有獨見非本道所能與知唯是災民之粒食已罄

人情之震蕩可虞一項之新餉必不能充兩用隔屬
之淮船必不能濟急需遠左危而
京都業已戒嚴東省危而遠左更何所倚賴不可不
思患預防而祈爲改圖者耳緣係奉行查議事理本
道未敢擅專擬合呈詳爲此今將前項緣由同蒙憲
牌理合具呈伏乞
照詳施行
一呈 撫按兩院
萬曆四十七年十二月二十六日
五十二
欽差整飭登州海防總理海運兼管登萊兵巡屯田
道山東等處提刑按察司副使陶爲海運事照得山

東海運已有定例每船載千石者用水手十四五名載七八百石者用水手十餘名載五六百石者用水手七八名載糧有多少用水手之多寡隨之所以節浮費恤遠餉也今召募沙船者民多用水手希圖闖糧且水手一名照東征事例每一名工價一十八兩安家銀五兩如減去一名省銀二十三兩如百餘隻船裁去三四百人省銀幾萬如彼云照東征事例但今日止運糧餉非往日駕舟應敵比也又如召募船隻者民不論裝載多少只以船頭寬窄喫糧似乎喫糧一樣裝載不同且有不均之弊謂宜量其所載以給工食乃為既廩稱事相應備行酌量奉行為此牌仰本官照牌事理今後雇募淮揚蘇松等處沙海等

船務須與彼講究加意節省俟事成之日另為陞賞
毋得靡費官帑泛常搪塞取罪不便須至牌者
一牌仰募船委官把總梁聘材
一牌仰募船委官守備魏國臣
萬歷四十七年十二月二十八日
五十三
山東等處提刑按察司整飭登州海防總理海運兼
管登萊兵巡屯田道副使陶　為查議造船銀兩事
萬歷四十七年十二月十三日蒙
欽差巡撫山東等處地方督理管田提督軍務都察
院右副都御史王　憲牌前事案查二十五年征倭
赴淮安及南直等處造船共銀四萬五千兩二十六

年造船共銀九萬兩俱于解京庫料價馬價銀扣除

係戸兵工三部協辦業經

前院具

題奉

旨下部速議旋因議停海運未據題

覆近據登州府揭報造船借支銀一萬三千八百八

十二兩零又借銀七千四百兩未經補庫夫海運方

來未已糧數增則船隻亦增增船而料價從何措辦

登州真不涸之府可繼源源借貸耶合應速議以便

題

請為此牌仰本道通查自海運以來登萊等府共造

過運船若干雇募過船隻若干水手月餉若干曾否

支動遠餉借用過錢糧通計若干於何項堪以扣抵
可否照依先年事例扣留解部錢糧查邸報天津所
用運船俱責成淮徐揚州各經管道府督催前項船
隻是否分派登萊協運今青濟二府續添州縣自備
船隻裝載恐一時難辦必致違誤須從長酌議以便
各屬遵行限牌到五日内查明具報毋違蒙此又蒙
巡按山東監察御史陳　憲牌亦為前事等因牌行
本道自有海運以來共造過運船若干雇募過船隻
若干水手月餉若干曾否支動遠餉借用過錢糧通
計若干於何項堪以扣抵可否照依先年事例扣留
解部錢糧查邸報天津所用運船俱責成淮徐揚州
各經營道府督催前項船隻是否分派登萊協運今

濟青二府續添州縣過海糧船登州曾否預備事急期迫若責成各州縣自備船隻裝載恐一時難辦必致違誤須從長酌議以便各屬遵行限牌到五日内查明具報蒙此遵依隨備行登萊二府查報去後今據登州府呈稱依蒙查得萬歷二十五年征倭運糧節奉本道轉奉

督撫軍門尹　明文差委登州衛千户李國勳領布政司銀三千六百九十三兩前往遼東寬奠地方打造遼船十五隻每船並什物等項價銀不等共用銀二千六百六十一兩召募水手等役共二百二十四名共支工食銀六百五十八兩八錢通共用銀三千三百一十九兩八錢餘剩銀三百七十三兩二錢解

還本司訖續蒙本道轉奉
軍門萬　案驗准
總理糧儲部院趙　咨備行蘇松兵糧道雇募商船
二十隻並舵工水手等役二百四十五名差委標下
鎮撫沈錬督押分發登萊各十隻通共借過蘇州府
銀二千四百六十六兩五錢五分各役在彼支領訖
比因前銀登萊二府無銀補還呈詳海道轉呈
督撫軍門批行布政司覆議將前借銀兩呈詳軍門
移文
應天撫院行令蘇州府准其開銷免行償補各役歷
過日期應支銀兩不足又蒙布政司發充餉銀分發
登萊二府各一半銀一千五百六十六兩作為廪餉

船租訖後又不足又動登州府屬棲萊二縣解到脚價銀八百四十四兩六分一釐二毫給船戶陸安國等支用訖為照今歲運糧所造船隻前差主簿徐弘諫往淮成造遼船二十隻千戶劉一源造船四隻並修補置買遼船六隻把總傅與盔往塘頭成造遼船八十四隻共計一百一十四隻後又隨差縣丞徐弘諫齎領官銀行南仍造前船尚未完報前來難以拘定其數統計造船共借過府庫民屯銀二萬一千二百八十二兩二錢三分六釐內除傅與盔領銀八千四百兩造船近蒙

院道明文本官所造船隻分發濟青二府運糧用過銀兩已經關取尚未償還此外尚借銀一因呈詳據

此又據萊州府呈稱依蒙查得萬歷二十五年征倭運糧朝鮮節奉軍門明文差膠州同知曹履方高密縣典史郭鐩萊州衛指揮楚邦楨經歷温如玉等前往淮安蘇松等處造過淮船二十九隻遼船十五隻唬船六隻共五十隻用過布政司銀一萬五百二十九兩六錢六分八釐又委本府司獄王永春前往淮安等處雇募淮船六十隻用過布政司定價銀一千二百兩委官吏目丁尚白召募舵工水手支過安家工食多寡不一用過布政司銀三千六百二十三兩五分九釐本府船租銀八十四兩以上通共用過銀一萬五千四百三十六兩七錢二分七釐俱准開銷比時並無動支

遠餉亦無抵補前銀通計所運不過七萬餘石耳今糧增八倍需船甚多本府所屬州縣運糧船隻除打破船六隻及討照回南五隻并借給水脚雇船一隻與未到三十六隻嚴行州縣迎押外見在海口守凍船一百二十一隻可裝糧五萬八千五百四十餘石又奉本道憲檄見今差官劉一進領銀二千兩請發院道公文往淮雇船一百隻恐不能足數似應責令平素多船如樂安等縣借銀與該縣有船船户使各造五百石船一隻使各招集舵工水手以裝官糧其所借銀兩每運水脚扣還三分之一三運便全完矣運船不官造而借銀與船户造者何官造則各役有尅落之弊恐船不堅固所雇舵工水手不停當恐船

易損壞雖有節省之名不免以糧嘗試不若船户自視其船為家而所雇必得其人之穩便也其劉一進雇來船隻分撥少船州縣合聽上裁若夫天津所用運船責成於淮徐揚必無協運登萊之理其雇船銀兩合於東昌兗州不運遠糧州縣動支新舊遼鎮銀兩解補庶借動正項錢糧有歸着也緣由各具呈到道據此查勘得登萊二府所呈萬曆二十五年征倭運餉登州府打造遼船十五隻并什物水手工食共用布政司銀三千三百一十九兩八錢又往蘇松雇募商船二十隻登萊各分十隻并舵工水手等役共借用過蘇州府銀二千四百六十六兩五錢五分開銷免補尚有各役歷過應支銀兩又請司發銀登府

分一半銀一千五百六十六兩又動棲萊二縣脚價銀八百四十四兩六分一釐二毫萊州府打造淮船二十九隻遠船十五隻唬船六隻共五十隻共用過布政司銀一萬五百二十九兩六錢六分八釐又雇淮船六十隻用過司銀一千二百兩又舵工水手工食用過司銀三千六百二十三兩五分九釐又用本府船租銀八十四兩通共用過銀一萬五千四百三十六兩七錢二分七釐俱准開銷並未抵補亦為動支遼餉及查今次運糧所造船隻如登州府除徐弘諫見今在南造船未到難以拘定船數外今已造完並修補船隻共一百一十四隻統計共借用府庫民屯銀二萬一千二百八十二兩二錢三分六釐内除

委官傅與寍原議造船六十四隻領銀六千四百兩
後又續發銀二千兩共銀八千四百兩造船八十四
隻近奉
兩院憲檄將此船分撥濟青二府運用此項銀兩聽
彼兩府償還外尚借銀一萬二千八百八十二兩二
錢三分六釐又募船二百七十餘隻水手月餉雇船
水脚共動府庫銀二萬三千九百七十一兩三錢五
分七釐九毫一絲九忽五微内除動過遼餉銀八千
三百九十兩七錢三分一釐九毫一絲九忽五微尚
借府庫民屯銀一萬五千五百八十兩六錢二分六
釐内除萊府借去銀一千兩聽其自還外實借庫銀
一萬四千五百八十兩六錢二分六釐再照萊州府

船隻除打破船六隻及討照回南五隻並借給水脚雇船一隻與未到三十六隻該府嚴行各屬迎押外見在守凍船一百二十一隻今又差官劉一進領銀二千兩往淮雇船一百隻又該府憲恐船不敷用仍令平素有多船州縣船户借銀令其各造船一隻其所借船價每運水脚扣還三分之一三運全完及查解部錢糧登萊本色最多並無別項銀兩可以抵補其濟青所用船隻查登萊兩府州縣俱屬運邑所得船隻尚不敷兩府之用又安可為舍己耘人之理相應各自備辦庶便責成至於造船借過銀兩先該本道於

前院李　在東時票過此銀即在水脚價內照雇船

事例陸續扣清清訖乃止亦於新舊遼鎮內作算似不必動别項錢糧補庫合聽本道扣清之日造册報院便為清楚矣然此乃就民屯出納之由及前此已成之議而言也若目下遼糧加至六十萬石則需用淮揚浙直等船不下三四千隻雇價業已不貲雇之不能取盈勢必大費打造遼鎮新加數內既議留一半以餉土兵所餘之一半即糴糧尚且不足安能又借庫銀以望抵還也竊謂此後應照征倭事例議留户兵工三部銀充作打造雇募之用庶東省之財力不至陰耗於遼事而登萊竭其力以供征輸尚得存其帑以備不虞也緣蒙行仰查議造船銀兩事理本道未敢擅專擬合呈請為此今將前項緣由同蒙憲

牌理合具呈伏乞
照詳施行
一呈按撫兩院
萬歷四十八年正月初九日
五十四
萬歷四十八年正月二十日蒙
欽差巡撫山東等處地方督理營田提督軍務都察
院右副都御史王 據詳具
題為海運必難遽增船糧必難立辦仰祈
聖明速議賙邊之長策勿循浮派之空言仍
勑當事大臣虛心觀理以圖實效事近閱邸報見
督餉部院李 題為經臣計兵已定愚臣計餉難緩

懇乞
聖明特賜裁允以重封疆事疏稱登萊派米豆三十萬又議山東召買豆再增三十萬共前數為六十萬石蓋緣山東海道最近日同督臣與郎中李乃蘭等往復計之皆以山東運道為便應以各處所省脚費加值以糴於山東似亦無難登州道臣極力擔當招徠有法而諸臣又東省人知之頗真諸臣僉言民運召商於遠左增值收買無不競從等因隨行海防道酌議去後今據登州海防總理海運兵巡道副使陶朗先呈云云具詳到臣該臣會同山東巡按陳看得遼左失事以來封疆有至急至危之勢餉臣有萬難萬苦之衷此時即有恤民之心不得不體

國之急臣等凡可効其涓埃其寍愛夫狗馬惟是規爲出於衡度之外議論入於渺茫之鄉揆理度勢萬萬不能又臣等所爲動而却顧者昔海運之議自舊撫臣李始當時止十餘萬耳乃舊撫之議海運曰東方屢祲之餘乘風礁之險如大病之人甫離床褥方期靜攝調護遂令持殳備糗禦於外其何能堪是海運之難餉臣固知之矣其議徵餉曰臣撫東三載見民之困窮已極今日有糧而苦於無船若徵之太急又恐民窮而無糧是徵糧之難餉臣已知矣其議募船曰山東止有本地塘頭漁船數原不多淮船憚於風波糧久泊岸更有可虞是募船之難餉臣併知之矣其議招商曰欲完航海之事又欲順商民之情左

右方圓一時並畫難之難者是召買之難餉臣亦知之矣其議糴豆曰登萊兩郡豆原不多黑豆尤少登州議黃者病馬不宜充料黑者宜馬乃可濟邊登萊原無黑豆必待遠糴是糴豆之難餉臣又知之矣三復餉臣撫東疏咨稿而知餉臣之軫念東人者至也餉臣一去齊而失哺之兒慈母豈其異視未幾而有海運二十萬之疏又未幾而有海運三十萬之疏又忽加召買豆三十萬共足六十萬之疏源源而來視昔且六倍焉豈昔之難於十萬者今顧易於六十萬乎豈難於豐稔之年者顧易於饑荒之歲乎軍國大事臣等不敢以臆見相持第以餉臣之言還而質之餉臣豈自言而自悖之不過曰前後之時勢不同耳

夫遠左之時勢今昔雖迥不同然山東之物力難易則非有異且三路未敗之先兵非不衆也兵非不待食於東省也舊撫臣所不能為者臣等何以獨能為臣固知餉臣之萬分無已而姑條派此兵糧之數耳顧紙上有餉而遠左無餉何濟於遠此餉臣之責也餉臣能多派而不能多運則餉臣之自誤也臣不忍餉臣之自誤而因以誤遠也將謂道臣陶朗先極力擔當而朗先謝不敏矣夫朗先雖才亦人耳豈真有神輸鬼運之術豈真有挾山超海之能令當莊嶽之衆咻而悲楊子之岐路萬一運不如額則道臣無所逃罪餉臣以此責備於道臣將重違其奬借之初心而道臣之擔當還歸於餉臣之負荷及今日言之餉

臣尚可區畫以分屬於地方今日不言至誤事而後
言之即同詞以請罷斥於
國事奚賴焉餉臣疏曰山東派數較多者盖緣山東
海道最近臣請竟其説昔年征倭山東海運總加至
二十二萬自登州運至旅順五百五十里旅順運至
義州交割一千一百里合之僅一千六百五十里而
風礁險惡甚難訖濟查閱舊卷今日報某船被風明
日報某船閣淺舟子填於魚腹遊魂泛於波濤天風
起於倉忽性命懸於霎時地如彼其近也運如此其
難也今議海運俱至盖州盖州套窄小淺灘形如半
碗而碗口礁石崯峄勢同攢劍必小船方可進入而
所泊僅可二十餘隻又必堅厚小船方可冒險而入

一入之後水退撞礁每虞滲漏大船裝數百石者可入蓋州套乎合青濟登萊四府之船可盡泊於窄小之淺灘乎蓋套不能盡容而使各船蕩漾於巨浸之中或仍退金州交卸則進退兩難而嘗試於蛟宮鼉窟之間恐馮夷不能時時效順也蓋州距遼陽止三百餘里登距蓋已三千餘里其去萊則甚遠矣其去青濟益遠而不可以程計矣茫茫何有去莫窮其底止一運而兼幾運之程一程而增幾程之費職等方有望洋之嘆而不知其近四十六年山東米豆頗收因登萊有餘之粟勉完二十萬石之數若去歲苦旱民間之田畝荒矣瓶罍罄矣因無米而改折漕糧因改折而反增海運暮四朝三所以悅狙者加之疾矣

夫漕運者運軍自駕船領兑外只憂無米不憂無船今歲饉而米安在也米即多方轉糴而船安在也查往牒先年武德道運糧四萬石造船一百九隻登州道運糧七萬石船一百隻萊州道六萬石船一百二十九隻青州道五萬石船八十五隻又留户部銀八萬五千五百兩兵部銀二萬七千兩二部銀二萬二千五百兩爲募船之費而各船派造於淮揚浙直天窰洲清江廠之間殆無虛日於時工部造船户部督餉索船則船應索銀米則銀米應今則此部卸肩於彼彼卸肩於此題疏曰二百萬覆疏亦曰二百萬及至問船則問之水濱計餉則計之筆舌職再問道臣六十萬糧當用船若干曰須船六千隻職竊訝其多

已而思之蓋套小不能容大船蓋套達青萊濟南不違兩運道臣非謾語也必有六千隻之船而後有六十萬之餉每船計桅木二根必有一萬二千之桅木而後可駕六千隻之船造船之責自有司之者山東向無木植亦無船廠船備而糧不給猶可督責山東餉集而船不至罪豈在東省耶遠餉地輸陸挽尚急牛車詎海餉浮虛駕空可緩船隻必海輸而後能陸運必船到而後可車載既無凌波飛渡之粟安用盤山過嶺之牛若謂草料先須車運則馬飽而人饑防遠豈專恃馬哉職見天津船隻餉臣之嚴督淮揚者甚急何可獨緩於山東故今日以造船為第一義以車運為第二義不急船而急車難視陸而易視海遠

視三百里之遼陽而近視數千里之盖套則職之所
未解也至於召買三十萬之説則須飭臣及遼臣另
為設法召買而實非道臣之所能任何者商非東省
之商也既謂之商則聽其自來自至而非可以法令
拘職等之令能行於東省而不能行於他省職等之
搜粟能行於受田之民而不能行於遠地之商今之
所云召買者將曰召淮商乎淮商懼東省之留船無
出途之想矣更懼遼左之阽危無涉海之思矣淮商
何可招也將曰招遼商乎我未必得遼商之大利而
且寘遼商之大弊所謂大弊者挾逋逃而來匿硝黃
而往是也職等於招商一事悉心以問屬官謂該道
揭示經年多方招諭並無一至該道極言其必不可

招而餉臣亦烏能招設果招徠有法今歲二十萬之糧何無商運而獨苦民間之拮据乎宋繼登王化貞諸臣見在遼薊商賈屬其統轄餉臣倘能責於遼臣押商船以至登萊職等當諭道臣弛遏糴之禁盡加惠之方使其轉販而往第恐招商而商不至則諸臣之不能踐其言而於道臣無預也道臣欲擔當而未能不得已有淮船運糧至膠州起運至昌邑搬入海船之議竊恐淮船既運糧入海未必有用而不盡之船以供山東之運淮船不過成山海船未必即至昌邑非必濟之策也然則三十萬石之召買不幾為畫餅乎如

廟議必欲召買乞

皇上即以此責成遠左諸臣令其招商轉糴勿以此
總屬於山東該山東地方必不能召買道臣原無招
徠之法必不能擔當職等必不敢飾雷同之謾語以
誤餉臣而重誤軍國也至於山東添運三十萬揣力
殊不能承然事關國計當盡力以括全齊之粟使婦
子負載於途牛馬轉輸於路運至海濱以圖接濟倘
有米無船以至誤運則其責又不在職等也伏惟
陛下勅當事大臣虛心觀理共期匡濟仍
勅工部速為造辦船隻轉發山東領駕渡海其登萊
青濟四府既任煩難之海運希免重疊之加編懷之
以恩而後可懾之以法鼓舞人心令其樂於輸粟寬
民力以濟遠陽国今日救時之急着也併祈

聖明俯恤焉職等可勝延竚

正月二十八日奉

聖旨戶部知道

本年三月二十二日該戶部一本題前事山東司案呈奉本部送戶科抄出山東巡撫王題稱前事又該山東巡按陳題同前事俱奉

聖旨該部知道欽此欽遵抄出到部送司查米豆之數俱係督餉部院酌派山東省六十萬石業已計兵而算數似不可少今該省撫按諄諄數千言而謂六十萬石山東地方不能召買此係督餉算派定題請之數本部難以更易竟覆合無移咨酌妥咨部以便題覆等因咨會去後今該督餉部院囬咨看得

經畧原疏計兵十八萬每歲用折色銀三百二十餘萬于内計本色米一百餘萬石即可減折色銀一百餘萬兩此皆因兵計餉之定數也本部院不過據其原疏之數以分派各省直耳其間海運之道惟山東天津淮揚三處而淮揚有成山之險止派三十萬石其山東海道最近派六十萬石天津派三十萬石而近開芝蔴灣在薊密永等處向來無船皆籍天津之力為運是天津合薊永密三鎮到關之糧而計之亦近五六十萬石也今淮上移書稱難天津道屢次呈稟求減而山東又已疏題請減矣夫山東為本部院舊遊之地前者屢疏稱海運之艱船隻之少豈今甫離其地遂爾求多但此二百餘萬之米係經畧疏定

之數若經畧肯為減兵則本部院何難減餉今經畧尚苦兵少屢疏催發則本部院何敢為減餉之議餉不可減則山東請減之數將添派於淮上乎淮上有成山之險見在稱難矣若添派於天津見有五十餘萬之運何以又加也減之於此必加之於彼海運止此三處而在在稱苦處處求減欲於原派數内一處無減而加於彼處則彼處派數原多亦在求減誰肯復增立見兩相躭誤本部院一身不足惜而遼左脱巾之變可堪立見耶查得山東海運最近脚價所省獨多若以所省之價加值以糴於民間似亦無難又山東往歲登萊之米多販於淮安今南岸既禁其往則以北至遼陽亦為肯應也况登萊之間民間有米

者每以變換銀錢爲難此本部院所親知者若將入
京錢糧准改本色上納於民尤爲兩便則此六十萬
之派雖多而本部院原非獲已亦望東省院司道府
爲協力同心之濟也若云免是在本部院之所敢言
矣至於船隻已行淮安造船五百隻原爲山東天津
二處分用之資屢行嚴催尚未回報尤望本部之爲
請
旨考成也擬合咨覆等因到部送司一併案呈到部
看得餉臣增加海運乃因經臣增添援兵而派計兵
派餉原非得已乃東省撫按諄諄告減臣亦移咨餉
臣再爲商議而餉臣備將兵餉二事從長酌覆前來
兵多餉少勢必鼓譟而封疆之利害安危所係似難

裁減具見餉臣與臣部非故於派多而東方之臣亦當體諒委曲必完其數可也其所需糴併動支該省新舊加派尚有糴剩其京邊錢糧係九邊舊餉之定額勢難混用也至於船隻原屬工部專任前已咨會許用南部年例蕪稅等銀尤望皇上勅諭該部速速嚴行各廠承造官員勒限報完以不誤餉臣之用如有地方故為怠緩誤事者仍聽餉臣單疏參究庶運事克備而遼餉有賴也既經撫按具題前來相應復請恭候命下本部移咨各衙門遵行

五十五

山東等處提刑按察司整飭登州海防總理海運兼

管登萊兵巡屯田道副使陶　為仰遵

明旨酌議海運等事萬歷四十八年正月二十四日

准山東等處承宣布政使司照會本年正月十三日

蒙

欽差巡撫山東等處地方督理營田提督軍務都察

院右副都御史王

批據濟南府申本年正月初六

日蒙登州海防道憲牌前事案照先蒙督撫軍門王

批據本道呈前事已行登州府節次借動銀八千

四百兩責差委官傅與寍前往壽光樂安等處打造

船八十四隻原係造為登州之用今新行分派濟青

二府應用其前借登州之銀合于濟青解還除前船

已行分派外合行取銀解補為此牌仰本府即於府

庫銀兩照單動支給還登州府以補前借并找給傳
與盜分給船户其船准給該府亦照單數分給該縣
運用又單開濟南府屬共船五十三隻濱州船二十
五隻利津縣船九隻蒲臺縣船四隻霑化縣船四隻
海豐縣船十一隻以上共該船價銀五千三百兩該
找給傳與盜水脚銀二千六百五十兩通共七千九
百五十兩開單牌行到府蒙此行間本月初十日又
蒙本道憲牌仰府即將該府各屬船價銀内除每隻
該銀一百兩解還登州府庫仍每隻加添水脚銀五
十兩徑給委官傳與盜分給各船户領用具由查考
蒙此又蒙本道憲牌仰府即將該府所屬海豐縣船
户趙廷弼李鴻儒周家賓張小亭張治田劉才受六

名並蒲臺縣船户李仁峯李時鳳韓瞻田李呈芳賈
士亨五名各應造運船速於府庫動支銀二千兩給
與委官傅與盜分給各船户領造船隻仍行各縣同
委官押促完工以濟急運其動過銀兩照前例于水
脚内陸續扣還以清庫藏施行蒙此依蒙查得本府
庫内並無别項堪動錢糧惟有一項遼鎮每歲額派
銀四萬五千二百餘兩原係委官解赴該鎮上納至
四十七年六月十一日蒙布政司信牌為那運本色
以濟急需事蒙
督餉部院李　憲牌前事等因牌仰本府將未臨海
州縣派有遼鎮銀兩差人催解該府收庫聽詳允日
海運施行蒙此除濱州等九州縣并今續添歷城陽

信章丘共十二州縣遼鎮銀兩留作糴運本色米豆外隨將泰安長清新城禹城陵縣德州長山樂陵商河淄川鄒平德平臨邑平原新泰萊蕪齊河十七州縣解到遼鎮銀二萬一千六百八兩六錢四分八釐催解到府收庫聽候明文動支應用又一項新餉銀蒙布政司信牌為遼事憂危等事牌仰府即將四十六年未解地畝銀兩俱作海運四十七年近海州縣仍作海運不得起解餘者作速併催具數報司仍候詳允委官起解施行蒙此已催完齊河禹城平原德平四縣解到府庫銀四千四百五兩二錢八分七釐七毫零俱候明文起解今蒙前因該本府看得船價銀五千三百兩係解登州還庫水脚銀二千六百五

十兩又動二千兩俱係給付委官傅與寍造船之用據此合動銀九千九百五十兩緣本府别無堪動錢糧惟有遼鎮新餉二項銀二萬六千一十三兩三錢二分五釐零見今貯庫聽候布政司明文動用錢糧未敢擅動相應申請合無候申允日或動遼鎮或動新餉惟俟

上裁批示以便動支銀九千九百五十兩内解還登州府船價五千三百兩徑給委官傅與寍水脚銀二千六百五十兩又造船銀二千兩等因具申蒙批造船水脚應動銀兩仰布政司查明速詳近聞各屬造船以不堪板木打造搪塞茫茫大海非可嘗試該司仍知會海道船過登州一一委府佐查驗不如式者

申究追賠各州縣正官驗明船隻纔發米豆倘有疎
虞各任其責一面行濟南府申飭繳蒙此擬合就行
為此合行移照前去煩將運到米豆船過登州希委
府佐查驗不如式者呈究追賠施行准此查得委官
傅與盜督造船隻用過銀兩即是各船户應得水脚
價銀不費官帑祇因各船户欲造船供應不能備辦
船本故借官銀買料雇匠以濟成造不過預借與之
以為造船工本責其督工速完應運迨運糧之日又
即扣其水脚還官而水脚即在新舊遼鎮銀内動支
此奉有
明旨者毫不費公帑亦不沾及别項錢糧也今准前
因除候船到日委府佐查驗不如式者呈究追銀外

其堪用者即令領運候於水價内扣清原非别項錢
糧亦非别項設處擬合牒復為此合牒
貴司煩為查照轉達
本院施行
一牒　布政司
萬歷四十八年正月二十四日
五十六
山東等處提刑按察司整飭登州海防總理海運兼
管登萊兵巡屯田道副使陶　為仰遵
明旨酌議海運事宜等事近接邸報蒙
欽差專督遼餉户部右侍郎兼都察院右僉都御史
李　原題疏内令淮安出船五百隻赴天津運用又

浙直各出海船赴天津協運俱奉
明旨督行載入考成欽遵訖為照天津運糧止三十萬石恐用船不必五百隻又天津自造并見在如去年運過十萬石者其船俱屬可用又浙直協濟俱到天津將來天津之船且至不可勝用令本道雇之于淮淮以奉
明文止給天津不給山東為辭則山東雖有六十萬之加而無船裝運雖加多亦屬畫餅也合無通將淮安浙直之船及天津自造之船通融合算淮船以每隻一千五百石為率浙直船每隻以一千石為率天津自造船每隻以八百石為率每隻又以往返三次為率共算天津運糧三十萬石止該用船九十一隻

檄行淮安以其餘者容給山東應用而山東目下見有糧四十餘萬計船甚少尚不能裝十五萬又天津候漕糧到津方可截運計期當在七八月間即淮安浙直等船先期到齊亦望洋守候則又莫若盡數發與山東急供目下之運而徐俟卸囤之日再分派屬津屬東之為便也合候呈詳允日迎押山東分發登萊濟青裝運遠糧速發過遠庶糧餉兩不相誤而軍興永有賴矣本道未敢擅專擬合呈詳為此今將前項緣由理合具呈伏乞

照詳施行

一呈督餉部院

萬歷四十八年正月二十五日

五十七

欽差整飭登州海防總理海運兼管登萊兵巡屯田道山東等處提刑按察司副使陶　為申飭請詳文移以免遲誤餉務事照得海運創行枝節不一頭緒縱横有部科條議朝夕變更者有地方時勢彼此異宜者有錢糧議動某項而原不必動者有船隻擬屬某處而原不當屬者如此之類難以枚舉是惟始其事者能遡其源亦惟急為呼者斯不至緩為應也本道每行一文半出權宜然每動錢糧必有憑據各屬或有未曉即就本道而詢之本道便可剖析回示回示到日即可舉行如此而有差誤罪在本道豈不直截徑速朝施夕暨哉况海運工夫只有數月非比泛

常文移可以從容擬議者今各屬往往以本道文内
事情或請詳於
院司或轉詢於隅屬在
院司者勢必又行本道候本道回覆到日然後批答
在隅屬者一郡有一郡之所宜一邑有一邑之所宜
彼地之所行者未必即可做行於此地迨至行之不
通而又來詢之本道往返之時日不知耽閣過若干
停泊之船隻不知守候過若干收糴之糧價不知騰
湧過若干矣則何不即詢之本道回答詳而呼應速
一不枉費工夫二不浪費錢糧也合行申飭為此牌
仰本府官吏照牌事理即便轉行海運廳及海運州
縣今後凡有牌票批詳不能曉暢者或本道議行而

該地方難行者不妨明白申請相為斟酌毋懷嫌疑
謂覆請近於駁上屢詢恐致憚煩而舍近求遠廢時
失事本道勞怨俱所不避虛受實所自矢幸賢者各
相體亮共襄茲役遠左百萬生靈寔式憑之須至牌
者

一牌仰濟青登萊四府
萬歷四十八年正月二十五日
五十八

欽差整飭登州海防總理海運兼管登萊兵巡屯田
道山東等處提刑按察司副使陶　為仰遵
明旨酌議海運事宜等事照得今年船隻不能多于
去年而所加遼糧比舊多至五倍則須一船抵六船

之用乃可完事也而欲一船抵六船非一船運六次不可欲一船運六次非運用多官收卸快便不可得矣今立法如某縣應運糧一萬石查照原行以一官押運五千為額即當先遣一官空身到遠預備卸場囤積之處俟押官到日即便分任其事一在船起解一在岸查收蓋套有倉即交入倉中蓋套無倉即用帶去鋪墊蓆草圈成露積卸訖即回完一船即發一船船回之日此地又復再裝倘原官在遠有事未回此地又差一官速裝如此急急為之庶可勉及六十萬之額耳合行申飭為此牌仰本府官吏照牌事理文到即便轉行運糧州縣查照應運米豆數目當以五千為一官之運數多設運官每州縣速遣能幹官

一員先行赴遼料理兩地務須如法裝載收卸逓勉
從事以足原額今本道亦惟以運次之多寡為州縣
之勤怠往返六次者為平常二次者為不及一次者
查其奉行先後分别叅罰各當奮急公之義毋自貽
噬臍之悔仍各具遵行緣由報道查考俱毋故違未
便須至牌者

一牌仰濟青登萊四府

萬歷四十八年正月二十五日

五十九

發運遼餉祭海文

維

萬歷四十八年歲次庚申正月庚辰朔越二十七日

丙午

欽差整飭登州海防總理海運兼管登萊兵巡屯田

道山東等處提刑按察司副使陶　敢昭告於

勅封靈應護國祐民明著天妃東海氏之神曰春王

正月運事載始我治我粻于海之汜緬兹海汜緊

神之宫奉時烝嘗殆罔予恫維予之衷維

神之鑒海運之興誰泛其濫遡自戊午粲舍未成帆槳迂邁亦孔之惸爰迨己未大兵四集庚癸遄呼兹焉告急其始拒也如格蛟螭而胡急兮若求旋傀遠師既繫司農稱匱十鍾致一賤之徵貴維予不敏峙粟庀舟粟以子來舟以鷗浮人亦有言竹頭木屑予獨何心敢違先哲嗟嗟蓄租曷可云勞維是卒瘏其

音嘵嘵盱斯樓櫓駿發靡鹽徼

神之靈式歌且舞肆傳

新詔盖套是歸

神乎偕行匪膠匪違招招舟子各敬爾止勿試于淵

以憂多士剛日丙午吉曜維辰

神之聽之顧予明禋尚

饗

海運摘鈔卷五